This Book Belongs to

Assorted Words 1

```
X  R  G  N  A  S  A  L  I  Z  E  D  B  C  B
Y  T  I  L  U  D  E  R  C  V  Q  W  F  U  L
C  R  B  R  U  B  A  P  T  I  Z  E  K  R  B
M  A  E  C  O  U  N  T  E  R  F  E  I  T  E
P  A  X  T  R  C  O  Z  P  U  H  T  N  A  R
S  H  B  J  U  E  D  A  B  A  T  E  E  I  A
E  E  Q  O  K  R  Y  P  M  O  H  F  T  N  D
C  W  I  U  L  V  N  D  R  E  B  K  I  B  I
U  P  S  R  I  I  E  I  E  E  B  F  C  T  C
R  S  T  Z  A  C  S  M  N  K  P  A  S  G  A
E  Q  M  O  A  E  K  H  R  G  C  P  D  S  T
S  J  C  B  V  S  R  I  E  Q  Y  A  E  W  E
T  W  H  E  E  L  E  D  N  S  F  T  P  D  D
K  D  B  F  Y  Y  F  R  E  C  K  L  I  N  G
R  L  A  C  I  M  O  N  O  R  T  S  A  G  U
```

ABATE	CURTAIN	QUICK
ABOLISHES	DREARIES	RETURNING
AMEBA	ERADICATED	SECUREST
ANODYNES	FRECKLING	UNPACKED
BAPTIZE	GASTRONOMICAL	WHEELED
CERVICES	KINETICS	
COUNTERFEIT	NASALIZED	
CREDULITY	PREPPED	

Assorted Words 2

D P S E Z I L A T I P S O H C
F D U C O N S U M M A T E Q A
O J O L N E E D L E W O R K T
L A T A F N O N V T J M V R A
S G M V S R E I R C B Q P E F
G P S T H G I L D O O L F U A
Q N O Q A V A I L A B L E N L
P C I H T Z B B A H L I C I Q
I F L N S B R C E D S I H F U
C S Y E N R U O J I E A G Y E
K V B V G A E V O W D L R H Y
L A J C B W T B P K G D E H T
E S G P Z L E N R W I M I U T
S B U N G E D E U A G N C K D
S E A L E R S D M S B H G M H

ALIGHT	CRIERS	PICKLES
AVAILABLE	DUELED	REUNIFY
BARBERSHOPS	FLOODLIGHTS	ROOKING
BORNE	HOSPITALIZES	SEALERS
BRAWLER	JOURNEYS	SUNTANNING
BUNGED	KIDDIE	THRASH
CATAFALQUE	NEEDLEWORK	
CONSUMMATE	NONFATAL	

Assorted Words 3

```
R  X  C  K  M  I  N  I  M  U  M  S  F  S  S
Q  A  U  O  E  T  V  V  H  L  E  O  P  P  U
S  P  M  U  M  D  N  E  Q  W  D  L  R  R  B
K  W  B  P  F  P  E  E  L  Z  S  U  O  I  M
Y  G  Y  C  I  A  E  M  M  L  X  M  T  N  E
W  W  N  G  C  S  S  N  O  N  U  M  R  C  R
R  I  W  I  N  K  T  E  S  N  I  M  A  I  S
I  L  E  A  T  I  G  A  L  A  I  A  C  P  I
T  I  I  Z  D  N  L  N  C  D  T  C  T  L  N
I  E  G  H  I  G  I  I  I  H  D  E  I  E  G
N  S  H  D  P  A  I  O  A  T  I  I  S  S  D
G  T  T  B  V  Z  C  E  P  T  A  O  R  M  V
P  A  L  I  M  O  N  Y  B  P  R  L  S  C  S
E  B  G  N  I  T  R  I  G  V  A  U  S  Q  Z
X  W  K  S  E  T  A  N  I  M  I  R  C  N  I
```

APPOINTING	MINIMUMS	SLATING
ASKING	MUMPS	SUBMERSING
COMPENSATES	PALIMONY	VELLUM
CURTAILING	PISTACHIOS	WEIGHT
DEMONIC	PRINCIPLES	WILIEST
DETAINMENT	PROTRACT	
GIRTING	RIDDLES	
INCRIMINATES	SKYWRITING	

Assorted Words 4

```
L  D  P  A  L  I  M  P  S  E  S  T  Y  M  E
V  M  M  S  E  I  M  E  N  E  H  C  R  A  F
L  R  Y  K  T  D  P  R  E  T  D  E  X  I  F
A  Y  Y  T  A  E  M  E  E  S  L  G  I  R  D
C  D  U  D  E  D  N  S  C  V  E  G  M  D  R
Q  Z  X  H  O  N  T  G  E  K  I  C  S  R  E
U  M  Y  U  M  B  Q  Y  A  I  I  A  A  O  V
E  N  C  L  O  S  I  N  G  R  M  N  W  P  E
R  N  I  C  K  S  B  T  W  M  D  M  G  P  L
E  M  Y  L  L  A  U  T  N  E  V  E  U  E  A
D  D  S  B  Y  A  N  U  C  A  L  B  T  D  T
Z  S  E  C  N  A  L  A  B  R  E  V  O  W  I
J  M  S  E  D  A  U  S  R  E  P  T  D  J  O
S  L  S  L  L  A  F  T  O  O  F  W  Q  O  N
S  E  I  K  C  I  U  Q  B  R  E  U  S  E  S
```

AIRDROPPED	FIXED	PALIMPSEST
ANTIBODY	FOOTFALLS	PECKING
ARCHENEMIES	LACQUERED	PERSUADES
DRAGNETS	LACUNA	QUICKIES
DUDED	MEATY	REUSES
DUMMIES	NICKS	REVELATIONS
ENCLOSING	OVERBALANCES	WAIVER
EVENTUALLY	PACES	

Assorted Words 5

```
B  M  I  N  G  N  I  Z  I  C  A  R  T  S  O
U  A  N  Y  C  R  O  S  S  O  V  E  R  Q  X
C  Y  D  R  R  V  M  S  I  N  A  T  A  S  W
K  P  I  A  A  R  H  B  S  C  Y  X  X  K  P
W  O  S  D  S  D  O  O  H  E  S  L  A  F  O
H  L  P  I  H  A  B  L  C  P  R  M  H  W  L
E  E  E  O  M  F  R  O  O  T  F  G  W  W  I
A  R  N  E  R  I  S  B  O  U  C  J  N  O  T
T  D  S  D  F  R  J  Z  A  A  T  G  E  O  I
Q  H  A  C  R  E  D  I  B  L  E  C  Z  L  C
E  J  B  E  M  M  B  A  K  L  E  J  R  L  A
Q  N  L  E  W  A  U  E  S  Y  Y  D  R  Y  L
W  W  Y  D  E  N  U  R  P  X  D  A  N  I  L
R  I  N  D  I  V  I  D  U  A  L  L  Y  A  Y
Y  R  S  O  Y  R  B  M  E  A  T  X  L  Q  C
```

BUCKWHEAT	FIREMAN	RADIOED
CANDELABRAS	INDISPENSABLY	SATANISM
CONCEPTUALLY	INDIVIDUALLY	WOOLLY
CONGRESS	MAYPOLE	
CREDIBLE	OSTRACIZING	
CROSSOVER	OUTCRY	
EMBRYOS	POLITICALLY	
FALSEHOODS	PRUNED	

Assorted Words 6

F C O N G R E G A T E S D S S
Z U K Q E C U L T I V A T O R
Z S N O I T A R C E S N O C N
W Q X D N U O B T S A E B K P
N O V E L T Y D Z X V F R R S
V S E X A M I L C I T N A E F
B I R T H P L A C E D C M F I
O L E C H E R G H L N L B A N
D J E N L I S T I N G A L S G
A A G K D H I P P E R S E H E
U R O M D O A M M P V S J I R
E U U L X D W J U D N E T O I
Q O S S E N E S N E D S X N N
S E S S U R T T K T Q R D D G
P R E P A R E D S V A T T E D

ANECDOTE	CULTIVATOR	NOVELTY
ANTICLIMAXES	DENSENESS	PREPARED
BIRTHPLACE	EASTBOUND	REFASHION
BRAMBLE	ENDOW	RELOAD
CHIPMUNKS	ENLISTING	TRUSSES
CLASSES	FINGERING	VATTED
CONGREGATES	HIPPER	
CONSECRATIONS	LECHER	

Assorted Words 7

```
T N E C S I N I M E R E E K M
Z G C T A E S G N I K O R T S
J F R O N T G T T T F K S O Q
O E S O F A F D S Z S H N B T
V D S U U D T I U U S Y J L H
E D E H D P E S S J J S E I S
R P E L A E S N N H S N O G E
L A Q T P G T T E O E I U A G
O L D R S I G L S K C S M T R
A S J E O A C I U E C N F I E
D I I S C N L N N A P A I O G
R E D U C E S T I G S M L N A
W S Z T P E R J U R E S I S T
U D E N O I T I S O P A A L E
Y I R E G U L A T O R Y A L D
```

ASSAULTED	OBLIGATION	REGULATORY
CATFISHES	OUTLASTED	REMINISCENT
CEDAR	OVERLOAD	SEGREGATED
FRONT	PALSIES	SHAGGING
GROUPS	PERJURE	SLACKENED
INCONSTANT	POSITIONED	STROKING
LIMPEST	PRINCIPLED	UNJUST
MISJUDGE	REDUCES	

Assorted Words 8

```
A  A  W  C  I  R  A  I  L  R  O  A  D  S  R
N  O  R  O  S  U  O  S  E  H  S  U  R  T  E
G  I  I  M  T  R  A  V  E  R  S  E  S  E  A
G  G  E  B  G  E  H  D  E  G  Q  I  X  R  W
I  A  R  I  B  F  T  B  E  R  Q  N  M  E  A
V  S  H  N  X  B  F  A  N  W  H  C  E  O  K
V  F  L  E  C  K  F  D  R  G  O  U  W  S  E
V  S  E  D  R  K  X  L  T  O  S  L  N  L  N
Y  L  L  U  F  E  C  A  E  P  B  P  L  G  S
D  O  R  A  C  L  I  N  G  H  P  A  R  E  S
I  N  V  E  S  T  E  D  A  W  M  T  L  A  M
R  N  G  N  I  M  O  S  N  A  R  E  K  E  D
Y  S  A  L  A  R  Y  K  E  E  P  S  A  K  E
Q  U  E  S  T  I  O  N  N  A  I  R  E  S  H
W  S  N  O  I  T  I  D  N  O  C  E  R  P  Q
```

BADLANDS	ORACLING	RUSHES
COMBINED	OVERHUNG	SALARY
ELABORATE	PEACEFULLY	SERAPH
FLECK	PRECONDITIONS	STEREOS
INCULPATES	QUESTIONNAIRE	TRAVERSES
INVESTED	RAILROADS	WRIER
KEEPSAKE	RANSOMING	
MELLOWED	REAWAKENS	

Assorted Words 9

```
G  I  N  C  E  S  T  D  E  Y  E  S  O  M  I
L  N  Z  X  O  N  E  Y  L  L  A  N  G  I  S
U  P  I  O  X  O  O  P  A  Y  L  O  A  D  S
N  V  E  T  A  H  P  I  G  N  I  R  A  O  S
C  D  G  L  T  N  F  E  S  C  A  L  I  N  G
H  R  E  B  B  U  L  B  R  S  T  F  A  R  G
E  G  E  N  W  A  B  E  J  A  E  V  T  J  T
O  Y  T  Z  O  S  H  X  N  B  T  R  D  G  U
N  A  N  P  O  I  I  S  N  I  U  I  P  V  A
E  C  D  J  K  O  T  D  A  Z  E  K  V  E  G
T  D  Q  E  E  J  B  C  K  W  G  N  L  E  D
T  R  U  R  R  B  S  M  U  L  A  T  T  O  S
E  E  E  X  N  O  L  H  T  A  I  B  S  L  D
S  E  S  A  E  L  B  U  S  N  I  X  O  T  Y
U  I  N  H  Y  D  R  O  T  H  E  R  A  P  Y
```

AUCTIONED	EXUDE	PAYLOADS
BIATHLON	GRAFTS	SCALING
BLUBBER	HYDROTHERAPY	SIGNALLY
BOOZER	INCEST	SOARING
BORED	LENIENTLY	SUBLEASES
BUTTING	LUNCHEONETTES	TOXIN
COOPERATIVES	MOSEYED	WASHABLE
DEPRESSION	MULATTO	

Puzzle #10

Assorted Words 10

```
S T E A L E G I T I M I Z E S
L O J Y C P U Z Z L E M E N T
X C B B A R O N Y G E R V T H
O B H F T V E R B A L L Y A O
U U S E C I D N I C E X A N L
N T I P H O T O G E N I C G O
D T L B W P Y L G N I R A L G
E E B U O U G N I V L O S E R
R R J J R E M A R K O Y K M A
P F F E D I W I N D E D Z E P
I L H X C P D B U S H M A N H
N Y E L I T I S M U J A A T I
N I R E H A S H E D W T Y I C
E N Y L B A R T E N E P M I N
D G N I T A V I T C A I E E A
```

ACTIVATING	GLARINGLY	REHASHED
BARON	HOLOGRAPHIC	REMARK
BUSHMAN	IMPENETRABLY	RESOLVING
BUTTERFLYING	INDICES	STEAL
CATCHWORD	LEGITIMIZES	UNDERPINNED
DEJECTS	LURID	VERBALLY
ELITISM	PHOTOGENIC	WINDED
ENTANGLEMENT	PUZZLEMENT	

Assorted Words 11

```
W  X  S  L  A  M  I  X  A  M  Q  V  R  H  E
L  S  V  C  S  K  R  A  L  W  O  D  A  E  M
S  O  E  Z  A  G  E  E  T  N  E  S  B  A  B
S  G  D  C  N  I  N  S  T  N  E  C  Q  H  R
Z  G  N  G  E  A  S  I  N  R  I  F  I  A  O
S  G  N  I  E  I  M  E  R  X  S  O  X  N  W
J  L  N  I  R  R  P  S  N  E  G  K  P  I  B
N  G  A  I  D  T  S  R  E  M  T  H  S  P  E
E  M  N  M  L  L  S  M  E  N  A  S  P  B  A
U  Q  E  I  I  D  E  T  A  T  I  G  O  C  T
T  Q  N  T  L  N  R  G  R  B  N  L  R  F  I
E  T  P  N  H  I  A  U  H  A  K  E  C  L  N
R  E  I  D  A  E  T  S  C  P  E  I  C  J  G
S  L  E  R  U  T  A  E  F  Y  H  H  V  L  Q
O  L  V  D  E  M  A  G  O  G  U  E  R  Y  M
```

ABSENTEE	CURDLING	MAXIMALS
AMNESIACS	DEMAGOGUERY	MEADOWLARKS
ANIMALS	FEATURE	NEUTERS
APPOINT	FOSTERING	STEADIER
BROWBEATING	GELDINGS	TILING
CENTERPIECES	HEARTSTRINGS	
CENTS	LINESMAN	
COGITATED	LODGERS	

Assorted Words 12

```
J  E  C  N  G  D  T  Z  R  E  I  K  N  A  L
H  N  E  I  S  A  E  U  C  B  N  Y  Q  U  Z
E  Y  A  C  T  E  W  T  M  H  N  I  B  N  P
R  A  L  U  G  A  U  K  A  P  U  Y  H  V  M
E  G  R  B  T  N  M  G  S  L  E  T  C  S  O
A  D  A  T  U  O  I  O  I  H  U  D  E  E  U
F  D  V  N  H  O  M  D  I  T  A  C  L  S  L
T  Z  R  A  A  I  D  A  A  X  A  K  L  A  T
E  R  C  O  R  T  E  X  T  V  A  F  I  A  M
R  G  Y  B  J  Q  O  S  Q  I  E  A  N  L  C
S  G  N  I  R  A  P  M  T  Y  C  V  G  W  Y
S  U  O  R  T  X  E  D  I  B  M  A  N  A  K
I  Y  U  B  S  E  N  I  M  S  A  J  L  V  Y
H  M  O  P  P  I  N  G  C  T  T  J  B  L  R
K  Q  H  P  K  G  N  I  T  A  L  L  O  C  Y
```

AMBIDEXTROUS	CORTEX	LANKIER
ANATOMIST	DOUBLY	MOPPING
AUTOMATICALLY	EARTHIEST	MOULT
AXIOMATIC	EVADING	PARINGS
CALCULATED	FATIGUES	SHAKILY
CELLING	GAWKS	SHINE
CHUTES	HEREAFTER	UMPED
COLLATING	JASMINES	

Assorted Words 13

```
Z F E P E X A C T N E S S V F
S E G E I S Y T H I D C W I H
U A U T H O R I Z A T I O N O
K Q G R E H T O B S P B H R R
F O U N D E R S L H I P A C S
L M O S I D N L L E A V E S E
E E E S N L A D E G N I T D R
W X V R N A E Y S M C F D Y A
L R T E C O M E D O W N S S D
M I E R H H R U H R Q E C N I
M A K L U S A E H W E Z C O S
U J K I L D I N H W T A L U H
Q R C A N U E D T S P R M G E
V S Z W P G P D R K R J A U S
X C S L L E H S E L K C O C L
```

AUTHORIZATION	EXACTNESS	MERCHANT
BOTHER	EXTRUDED	PULLER
CARTWHEELING	FOUNDERS	SIEGES
CHAPPED	HERONS	TINGED
COCKLESHELLS	HORSERADISHES	
COMEDOWNS	HUMANS	
DAYDREAM	LEAVES	
DISHEVEL	LIKING	

Assorted Words 14

```
F U F Z E M B E Z Z L E R S R
L A I R E G A N A M O Z J H W
I C R X R G N I Y E S O M Y A
D A R E D E V I L Y D S R D I
I E S N P I K P L H A B E R M
N U G N I P S W O S L X V O P
T O S G I G O T A Y O T E P L
E X I M O A R R I H L G N O A
R Y T T T L W I D L D D U N U
D Z F J N B F S V S L X E I S
I D W C R E A S E D E E S C I
C Z K C A N T A T A S V R F B
T R T S E I K S I R F D A V L
E U R A N I U M B T M P G E Y
D I R R A T I O N A L I T Y M
```

ABSTENTION	FRISKIEST	MOSEYING
CANTATAS	GOSLING	REVENUES
CREASED	HAWKER	SWAINS
DAREDEVIL	HYDROPONIC	URANIUM
DISTILLER	IMPLAUSIBLY	VIRGIN
EAVESDROPPER	INTERDICTED	
EMBEZZLERS	IRRATIONALITY	
FLOGGED	MANAGERIAL	

Assorted Words 15

```
L  P  Z  F  G  Y  A  D  D  I  M  P  S  R  V
I  A  S  G  V  R  C  X  D  A  G  W  O  U  L
M  L  W  H  N  O  S  N  N  Q  L  F  U  F  G
E  S  U  Y  T  I  S  N  E  D  Y  U  R  F  B
L  N  T  F  L  E  L  E  R  I  Z  J  C  I  U
I  L  S  R  M  E  I  L  I  O  N  T  E  A  T
G  E  F  I  I  R  N  T  E  C  C  E  D  N  T
H  R  M  Z  T  G  A  N  H  J  A  A  L  I  E
T  A  J  Z  M  X  V  H  U  G  F  G  D  N  R
I  N  C  I  T  E  M  E  N  T  I  Z  E  G  S
N  Z  G  E  N  T  O  U  R  A  G  E  P  L  O
G  N  C  S  G  N  I  S  I  O  P  D  Y  Z  G
A  Z  C  T  N  O  I  S  I  V  E  R  I  N  S
R  E  D  H  E  A  D  S  H  U  T  T  L  E  Y
N  A  P  E  R  S  E  C  U  T  E  D  P  F  M
```

ACORNS	INCITEMENT	POISING
BUTTERS	JELLING	REDHEAD
DENSITY	JINNI	REVISION
EIGHTIETHS	LEGACIES	RUFFIANING
ENTOURAGE	LENIENCY	SHUTTLE
FRIZZIEST	LIMELIGHTING	SOURCED
GIRTS	MIDDAY	TUNNEL
HARMFUL	PERSECUTED	

Assorted Words 16

```
H  Y  H  I  G  H  B  R  O  W  Q  S  W  E  P
Q  C  V  S  E  I  C  N  E  R  R  U  C  N  O
C  E  S  I  U  M  U  P  G  Z  J  R  O  T  T
N  F  S  E  C  L  U  D  E  D  H  G  N  E  T
E  P  G  N  T  U  O  M  E  Z  E  I  F  R  E
G  L  M  B  O  A  D  V  Q  S  L  N  L  P  R
O  E  B  V  I  I  U  B  W  F  E  G  I  R  I
T  A  S  A  G  A  L  T  U  N  T  R  C  I  N
I  S  Y  T  R  S  K  L  N  R  Q  F  T  S  G
A  I  I  A  A  I  R  F  I  E  L  D  S  E  N
T  N  B  T  E  T  M  E  D  Z  C  A  Y  K  D
I  G  Q  O  E  Y  I  D  P  F  A  C  P  O  S
N  S  V  W  X  D  V  O  A  M  Y  G  A  T  T
G  O  V  E  R  T  U  R  N  S  A  Y  J  Y  D
N  A  K  W  W  G  N  I  B  I  R  C  S  N  I
```

ACCENTUATES	DESERTED	POTTERING
ADMIRABLE	ENTERPRISE	SECLUDED
AIRFIELDS	GAZILLIONS	SITED
BURLAP	HIGHBROW	STATION
CAMPERS	INSCRIBING	SURGING
CESIUM	NEGOTIATING	
CONFLICTS	OVERTURNS	
CURRENCIES	PLEASINGS	

Assorted Words 17

```
S  F  O  K  O  O  G  E  D  E  L  B  B  O  G
S  M  O  S  N  S  G  D  E  R  U  J  R  E  P
D  U  T  U  R  O  E  N  I  A  D  R  O  T  A
D  M  U  F  N  E  C  M  I  U  S  S  L  S  R
E  B  R  L  H  D  D  K  O  H  M  K  V  J  T
S  L  E  U  S  E  E  D  O  S  S  J  Y  T  I
I  E  E  M  F  N  X  R  O  U  O  U  N  C  A
G  R  N  M  Z  W  W  P  E  F  T  W  B  A  L
N  S  V  O  A  R  T  A  L  D  U  S  T  R  I
A  W  V  X  D  H  V  X  P  O  A  Y  A  P  T
T  J  L  U  Y  N  Q  C  K  S  R  R  T  E  Y
E  K  F  T  M  N  O  I  T  A  X  E  N  N  A
S  R  J  G  N  I  K  C  O  L  B  M  R  T  I
I  N  H  I  B  I  T  I  N  G  X  S  O  R  K
G  N  I  R  P  S  D  N  A  H  R  E  M  Y  T
```

ANNEXATION	FODDERS	PARTIALITY
BLOCKING	FOUNDERED	PERJURED
BUSHING	GOBBLEDEGOOK	SPAWNS
CARPENTRY	HANDSPRING	TUREEN
CONDONES	INHIBITING	TWOSOMES
DESIGNATES	KNOCKOUTS	
EXPLORER	MUMBLERS	
FLUMMOX	ORDAIN	

Assorted Words 18

```
B L O G A R I T H M Q E Y C L
S G R U B B I N E S S O H A R
E T F O S L X F C V G T H R H
R F A S C E I G S L E E P E R
E N C I H H C Q N Q U P O G Y
N S O H D A A A U I B D I A K
D U M I U E N T L I V Y I J T
I B M O T L R D T P D E B N O
P M U Q G A N E S E S A I B G
I I N W R O T A I E R I T R B
T S I I E L N I S L T I D E G
Y S C S T S I G G U R D N R O
D I A D O Q S A I O J A C G O
M O T O R I Z E S N C R N R Q
P N E M T V I E P I G B Q G B
```

BIASES	GRIEVING	SERENDIPITY
CHATTERING	GRUBBINESS	SLEEPER
COGITATION	HANDSET	STAIDER
COMMUNICATE	INCLUDING	SUBMISSION
DISPLACES	LIQUIDATE	ULNAS
DRUGGISTS	LOGARITHM	WISDOM
GNARLIER	MOTORIZES	
GONGING	RETORT	

Assorted Words 19

```
L  N  P  G  N  I  R  U  S  A  E  L  P  Y  S
S  E  T  I  S  I  U  Q  R  E  P  O  T  A  M
N  D  H  I  B  E  R  N  A  T  I  N  G  A  V
R  E  V  I  S  S  E  R  P  M  I  D  W  W  Q
E  I  J  B  I  E  E  F  H  V  N  P  D  S  D
C  H  S  A  T  Q  T  A  I  W  C  V  O  U  T
O  A  H  S  A  B  A  R  G  S  R  Z  O  B  M
N  Z  C  T  E  I  E  T  A  L  U  M  R  O  F
S  Q  S  A  M  N  Z  H  J  C  S  A  G  B  H
I  T  F  R  X  O  I  E  G  L  T  Y  K  T  Y
D  F  A  D  E  D  R  R  R  O  E  Q  I  U  T
E  W  J  S  O  S  G  B  E  Y  D  V  L  S  K
R  R  W  J  A  S  N  D  I  E  Z  E  O  E  B
E  I  R  I  A  R  P  E  C  D  H  P  H  N  H
D  S  M  I  T  E  B  S  D  R  D  C  Z  C  J
```

ABASH	HIBERNATING	PLEASURING
BASTARDS	IMPRESSIVE	PRAIRIE
CHEERINESS	INCRUSTED	RECONSIDERED
CLOYED	MORBID	SMITE
DENSER	MUDDIES	
FADED	NOVEL	
FARTHER	OBTUSE	
FORMULATE	PERQUISITE	

Assorted Words 20

```
O  H  A  S  M  R  O  W  C  Z  T  K  D  P  I
K  O  S  B  N  D  E  L  L  E  V  O  H  S  O
T  L  F  E  A  E  D  I  O  R  Y  H  T  Y  V
C  O  A  C  R  N  A  S  G  S  Z  T  O  C  E
C  C  S  W  O  M  D  K  G  G  C  R  F  H  R
J  A  V  L  B  U  O  O  I  M  L  I  F  O  C
J  U  N  D  E  A  N  N  N  N  P  C  E  T  O
S  S  J  A  E  P  R  T  G  M  G  U  E  H  N
H  T  F  U  L  N  R  O  R  Y  E  L  Y  E  F
Q  J  U  F  B  F  U  A  M  Y  N  N  U  R  I
P  P  S  M  B  E  A  M  C  E  W  K  T  A  D
C  R  E  C  C  O  S  V  M  Q  T  O  E  P  E
N  A  G  I  M  R  A  T  P  O  K  E  M  Y  N
Z  H  O  B  N  O  B  B  E  D  C  U  R  E  T
E  N  T  E  R  T  A  I  N  E  D  G  T  E  N
```

ABANDONMENT	HOBNOBBED	SNEAKING
BAROMETER	HOLOCAUST	SOCCER
CANAL	JUJUBES	THYROID
CARPELS	OVERCONFIDENT	TOFFEE
CLOGGING	PSYCHOTHERAPY	WORMS
COMMUNED	PTARMIGAN	
COUNTRYWOMEN	SERMON	
ENTERTAINED	SHOVELLED	

Assorted Words 21

```
M  I  L  K  I  E  S  T  C  O  M  D  V  C  S
T  E  G  X  Y  R  A  V  O  A  O  I  P  O  G
S  R  E  N  W  O  D  L  M  T  I  S  G  M  E
S  E  V  E  I  L  E  B  M  M  E  F  B  P  N
M  M  N  I  Q  W  Y  C  O  E  T  R  C  A  E
A  B  E  I  N  U  O  A  N  A  I  A  O  S  R
D  A  E  N  M  T  A  R  E  L  E  N  U  S  A
H  R  A  T  R  A  E  M  R  A  S  C  N  I  L
O  R  Y  S  A  A  T  R  S  O  M  H  T  O  I
U  A  E  L  Y  T  P  E  N  A  B  I  E  N  Z
S  S  G  I  T  L  I  T  H  E  M  S  R  A  I
E  S  Z  M  N  R  U  B  U  P  E  E  S  T  N
S  E  U  F  E  A  U  M  A  R  M  S  I  E  G
T  D  J  C  P  S  Z  O  S  H  E  A  G  R  P
N  D  C  O  N  F  I  S  C  A  T  I  N  G  Z
```

AMPHETAMINES	COURTLY	MADHOUSES
ASYLUMS	DISFRANCHISES	MILKIEST
BELIEVES	DOWNER	MOIETIES
BORROWING	EMBARRASSED	OATMEAL
COMMONERS	ENRAPTURE	OVARY
COMPASSIONATE	GENERALIZING	ZANIER
CONFISCATING	HABITAT	
COUNTERSIGN	INTERNEES	

Assorted Words 22

```
C U F L A G E L L U M S N J Z
B O O T B L A C K S J X L Q M
G Q Z S V I D E O E D R R H M
S N M C O P Y C A T T I N G A
N E I S R D S B B C L H M R T
A S R B S U A E G P M E E A R
P W F O M E P C A E J D S V I
P D Z F T O T S O M C G H E C
I R E M O S C A K V I T E S U
E V E S A T G Y V R A E D T L
S H N B S L S U R I A O R O A
T F A Q B U A A R R T L G N T
X T P K I U O I C D U C W E I
Q U E N C H R M S L B C A B N
D B D E R I U Q N E C B S Q G
```

ACTIVATES	ENQUIRED	QUENCH
AMIDS	FLAGELLUM	RUBBER
AVOCADOS	GRAVESTONE	SEAMIER
BOOTBLACKS	LARKSPUR	SNAPPIEST
CASTOFF	MALAISE	VIDEOED
COPYCATTING	MATRICULATING	
CURRYCOMBING	MESHED	
DRUGSTORES	MOUSSED	

Assorted Words 23

```
S  V  G  N  I  H  S  I  R  U  O  L  F  V  D
Z  T  G  N  D  A  I  N  T  I  E  R  W  Y  Z
H  M  N  N  I  U  S  E  K  O  M  S  B  T  E
Y  S  G  E  I  L  G  T  J  D  Y  K  R  U  I
P  L  T  F  M  Y  I  L  R  R  L  I  I  X  H
H  U  D  E  O  D  V  A  I  A  H  E  L  P  S
E  C  D  I  C  A  N  V  T  S  K  V  L  I  O
N  K  V  U  R  N  S  A  I  R  T  H  I  W  L
E  Y  S  R  E  O  A  S  M  D  U  E  A  L  I
D  E  O  C  V  T  L  L  E  M  E  C  N  N  G
C  J  R  C  F  H  S  F  K  T  O  D  T  S  A
A  U  B  B  L  E  E  P  Y  J  S  C  L  U  R
U  J  E  Z  I  R  O  G  E  T  A  C  Y  L  C
Y  G  T  O  I  N  T  U  I  T  I  O  N  H  H
O  C  C  L  U  S  I  O  N  S  L  L  L  E  S
```

ANOTHER	DAINTIER	INTUITION
ASSETS	DIVVYING	LANCETS
ASTRAKHAN	DUETS	LUCKY
BLEEP	FLORID	OCCLUSIONS
BRILLIANTLY	FLOURISHING	OLIGARCHS
CATEGORIZE	GLISTENS	SMOKES
COMMANDMENTS	HELPS	SORBET
CURTAILING	HYPHENED	

Puzzle #24

Assorted Words 24

```
L B L A T I B R A B O N E H P
U I B V S R E S I H C N A R F
K T U M L O P I L L O R I E S
L T N E S R A O C W N C U A O
A E T A P R A G M A T I S T R
G R S J L H A M S T R I N G S
T N D E T L U P A T A C W W R
N S I O S I E Q G U V W D R E
V A K G X S H P E P E E F I F
B V S S A X E P P T N D L G U
F M S A A R E N P A E A N G S
L Y Q M L C O G E E S H H L I
R K T W O I K F V M Q R T Y N
I U P D D O Z M A D A M P S G
Q P U R E B R E D S A L N L E
```

APPELLANT	FORAGING	PILLORIES
BITTERNS	FRANCHISERS	PRAGMATIST
BUNTS	HAMSTRINGS	PUREBREDS
CASKS	LAMENESS	REFUSING
CATAPULTED	MADAM	ROOMS
COARSEN	NASALIZE	WRIGGLY
CONTRAVENES	PAEAN	
ESTHETE	PHENOBARBITAL	

Assorted Words 25

```
Y U V Q Z S A D E L L E H S E
V N I E G Q N I C M A Z H C J
J R S W L N Y E N D L U U J H
F E D N K B I A E A E T U K C
S P T K O Y A T J T M P Y C W
M E V X J I D C P N F O M P O
S A S G K L R L I U I I R I Q
M T S R N E A A M L R P F Y P
O A S K E I Y I L A P K O X P
U B S I C K D S R C G P N P B
L L X T T A O A T E S L A A Y
D E P M O F J M F O T G A N B
E C O B B L E R S I N R Q M I
R S N I M H F L A I M E A N A
C V W B A E C I T C A R P F V
```

AMALGAM	FIFTEENS	PYROMANIA
ANAEMIA	FLOTSAM	SHELLED
ARTERIAL	INAPPLICABLE	SMOKERS
BANKRUPTING	KEYSTONE	SMOULDER
CARJACKS	LEFTISTS	UNREPEATABLE
CLARIONS	PIMPED	
COBBLERS	POPINJAY	
FADING	PRACTICE	

Assorted Words 26

R S L I E U T E N A N C Y H J
R E K I N O M I S C R E A N T
M L D P L K D E D E P M A T S
T S Y N E V I S S E R P E D V
P O F J E P O F P V D A H Q P
U N F E S M N O N V E R B A L
Y K Y F S G N I T A O C E C S
V A I L A T I N E G V A O H C
D E T A U D A R G A A H G O O
M E P C E W A L G S M O I E O
O R I A X X P C R R G O S S T
Z S S P S T A R T E D T N M E
T M W E E K T H G U O S E B R
O M H S A N N A D N A B I O S
S C H L E P P D A N K L Y W U

ACTUAL	FESTAL	NONVERBAL
BANDANNAS	GENITALIA	SCHLEPP
BESOUGHT	GRADUATED	SCOOTERS
CAHOOTS	HERDED	STAMPEDED
CAPES	LIEUTENANCY	STARTED
COATINGS	MENDER	
DANKLY	MISCREANT	
DEPRESSIVE	MONIKER	

Assorted Words 27

```
B  N  E  N  O  I  T  S  E  G  I  D  N  I  B
S  R  E  M  A  E  R  D  Y  A  D  I  C  E  W
C  P  P  S  C  L  P  C  Y  U  Z  L  O  I  F
O  Q  L  B  E  D  E  V  I  L  L  I  N  G  O
P  W  I  A  S  S  F  R  O  S  W  M  T  S  R
I  Y  R  N  Y  E  U  E  T  W  P  B  R  L  M
N  S  F  S  D  G  X  P  L  S  D  O  I  I  E
G  U  V  E  P  U  O  Y  R  T  E  E  V  P  D
I  F  U  E  R  O  C  E  P  O  I  D  I  P  Z
J  X  J  V  I  A  O  T  R  E  C  N  N  E  D
U  J  N  L  Z  L  R  P  E  S  I  U  G  D  X
C  A  L  L  E  H  S  N  P  D  I  A  B  H  A
E  X  T  G  D  Z  S  T  S  I  M  A  G  I  B
R  Y  E  S  N  O  I  T  A  G  E  L  E  D  N
E  E  T  A  P  E  R  I  P  H  E  R  I  E  S
```

ALERTS	FORMED	PRIZED
BEDEVILLING	GUISE	PYXES
BIGAMISTS	INDIGESTION	RAREFY
CONTRIVING	INDUCTED	SCOPING
CORPUSES	LIMBOED	SHELLAC
DAYDREAMERS	PERIPHERIES	SLIPPED
DELEGATIONS	PLAYGOERS	
FELTING	POOPS	

Assorted Words 28

```
J  M  R  U  G  M  T  N  E  M  R  E  T  N  I
S  L  O  L  A  U  T  C  E  L  L  E  T  N  I
R  N  J  F  D  H  A  R  D  L  I  N  E  R  S
G  O  D  M  O  T  H  E  R  P  Y  Q  N  B  J
I  M  J  S  L  D  E  S  U  B  A  G  A  V  E
N  I  W  T  E  B  U  R  G  L  A  R  I  Z  E
F  N  D  N  E  T  X  E  T  O  K  I  N  G  T
I  A  G  B  B  N  A  W  O  C  I  P  U  S  G
E  L  S  L  Y  Q  W  L  H  K  D  L  A  H  O
L  G  N  I  B  B  O  M  U  S  L  A  C  E  D
D  N  I  L  B  R  O  L  O  C  E  Q  G  F  G
D  I  O  G  G  N  I  S  S  E  R  T  T  U  B
E  K  H  R  Z  K  D  E  L  U  D  I  N  G  F
M  C  H  A  T  T  E  R  E  R  T  P  C  G  N
M  S  A  C  I  N  O  M  R  A  H  Z  L  W  J
```

ABUSE	DECALS	INTERMENT
AGAVE	DELUDING	MOBBING
BLOCKS	EXTEND	NOMINAL
BURGLARIZE	GODMOTHER	TOKING
BUTTRESSING	HARDLINERS	
CHATTERER	HARMONICAS	
CIRCULATES	INFIELD	
COLORBLIND	INTELLECTUAL	

Assorted Words 29

```
W  B  U  O  U  T  E  R  S  P  I  K  I  E  R
T  C  A  H  E  A  R  T  B  U  R  N  N  I  M
Y  R  M  T  D  K  I  G  R  A  P  H  I  C  S
I  D  E  R  E  D  N  U  O  F  B  T  P  P  H
S  N  E  I  O  Y  P  A  N  A  N  H  A  E  O
T  G  C  T  P  F  L  A  C  C  L  I  R  M  W
A  E  I  O  R  M  O  B  G  O  B  I  S  P  O
M  P  Z  L  R  O  U  R  M  A  L  G  E  L  F
P  E  I  S  G  P  P  R  O  U  N  Y  C  O  F
E  R  R  N  D  A  O  M  G  L  R  A  T  Y  S
D  M  C  I  X  N  E  R  I  T  H  C  F  E  I
I  U  O  D  B  D  E  T  A  R  U  C  Z  S  Q
N  T  N  F  U  Z  K  T  S  T  R  E  P  Z  U
G  E  S  O  D  P  L  U  N  G  E  R  J  P  A
S  H  O  W  I  N  E  S  S  I  Z  S  U  Q  L
```

ACOLYTE	GRUMPIER	PERMUTE
CHLOROFORM	HEARTBURN	PLUNGER
CRUMBLY	IMPORTED	SHOWINESS
CURATED	INCORPORATES	SHOWOFFS
EMPLOYES	INTENDS	SPIKIER
FOUNDERED	OUTERS	STAMPEDING
GOALIE	PAGAN	STREP
GRAPHICS	PARSEC	ZIRCONS

Assorted Words 30

```
J  H  F  Q  Y  I  N  D  O  R  S  I  N  G  I
M  D  K  H  Y  L  E  V  I  S  L  U  P  M  I
E  S  E  H  I  L  E  C  U  T  T  E  L  C  H
R  P  A  L  X  P  S  Y  L  E  T  U  N  I  M
I  O  C  N  L  W  P  U  S  N  G  I  S  E  R
T  P  L  L  I  E  B  O  O  F  T  M  H  F  J
O  U  R  L  I  R  R  D  P  E  Y  R  E  T  W
R  L  N  V  R  N  A  R  E  O  T  A  L  K  H
I  A  O  H  A  V  G  M  A  I  T  U  L  F  D
O  R  N  H  A  D  G  I  D  U  D  A  A  O  V
U  L  T  N  P  F  E  R  E  P  Q  O  M  E  O
S  Y  O  W  B  A  D  O  H  R  C  H  O  U  B
Q  D  X  C  H  A  R  W  O  M  A  N  N  L  S
G  N  I  C  K  I  N  G  M  B  A  A  Z  A  B
J  Y  C  Y  L  D  E  D  A  E  H  D  R  A  H
```

BEAUTEOUSLY	HIPPOPOTAMUS	NONTOXIC
BLOODIED	IMPULSIVELY	POPULARLY
BOOED	INDORSING	QUARRELLED
BRAGGED	LETTUCE	RESIGNS
CHARWOMAN	MARINAS	SHELL
CLINGIER	MERITORIOUS	
GRAPH	MINUTELY	
HARDHEADEDLY	NICKING	

Assorted Words 31

```
E  D  W  S  E  S  O  N  G  A  I  D  S  I  M
V  S  E  S  U  O  L  S  R  E  G  N  I  W  S
A  X  B  N  E  G  O  T  I  A  T  O  R  T  S
H  H  N  D  U  M  B  F  O  U  N  D  R  E  T
C  A  U  R  E  T  I  A  G  U  D  O  T  X  E
Z  U  T  M  E  P  T  S  E  T  T  E  W  T  A
Z  N  T  S  A  J  O  A  T  E  V  V  U  U  D
V  I  O  L  I  S  T  B  Y  E  F  E  K  A  F
W  E  B  C  A  V  H  I  V  N  S  N  F  L  A
E  G  H  D  I  S  S  I  D  E  N  T  O  L  S
F  A  I  R  I  E  S  M  N  V  F  I  U  Y  T
Y  E  K  N  R  U  T  P  F  G  Y  D  F  O  L
N  S  C  H  U  S  S  E  S  B  L  E  T  D  Y
B  T  E  L  P  U  R  D  A  U  Q  E  X  G  R
A  M  W  Z  O  R  D  E  R  E  D  J  F  L  B
```

ATTUNED	IMPEDE	SCHUSSES
CUTLASS	LOUSES	STEADFASTLY
DISSIDENT	MASHING	SWINGERS
DUMBFOUND	MISDIAGNOSES	TEXTUALLY
EVENTIDE	NEGOTIATOR	TURNKEY
FAIRIES	ORDERED	VIOLIST
FINNY	OUTSETS	VISTA
GAITER	QUADRUPLET	WETTEST

Puzzle #32

Assorted Words 32

```
L I V E A B L E C T R Y S T S
A N P D E R O V A F S I D H G
M T Y C P M O O N L I T N H I
V S S A S Q Z G N I K C U M N
L U F S P U C P O M M E L S C
P R G C G R M H N A C E P E O
H E I A N N E X A T I O N M M
O H S D W Z I G D J G H H O P
N I A E H J H M E Y T O H O A
I R M S G O A Z M G K F Q R T
C E B A Q A M N R U O P D L I
S D A W O Z G E X Q R N F A B
D E R O S N O P S O C D A N L
Y L L A C I T S I T O G E D Y
T T S E I P M U R G D O Y Q S
```

ANNEXATION
CANNONADE
CASCADES
COSPONSORED
CUPSFUL
DISFAVORED
DRUMMING
EGOTISTICALLY

GAGES
GONADS
GRUMPIEST
HOMES
INCOMPATIBLY
LIVEABLE
MOONLIT
MOORLAND

MUCKING
PECAN
PHONICS
POMMELS
REHIRED
SAMBA
TRYSTS

Assorted Words 33

```
G  L  A  Z  E  S  E  G  A  R  A  P  S  I  D
E  J  Y  E  Y  L  L  I  D  I  I  M  X  I  G
E  C  F  D  P  E  R  F  I  D  I  O  U  S  F
F  K  O  Q  O  W  S  H  T  H  G  I  E  Y  I
P  L  E  M  M  B  S  H  A  L  L  O  T  S  E
H  A  U  C  U  U  M  E  L  A  N  I  N  M  S
O  G  N  I  T  A  G  E  R  G  E  S  E  D  N
N  O  K  J  Z  I  J  A  Y  W  A  L  K  S  U
O  G  N  C  A  R  B  U  N  C  L  E  S  M  D
G  Y  R  O  S  C  O  P  E  S  O  R  T  N  I
R  U  S  A  L  L  E  V  O  N  S  S  L  A  S
A  B  P  D  A  E  R  P  S  T  U  O  H  V  M
P  S  E  O  T  A  M  O  T  E  L  G  G  I  W
H  B  S  C  O  C  K  S  C  O  M  B  S  C  D
S  L  K  G  Y  T  I  L  I  B  A  R  U  D  R
```

CARBUNCLES	GLAZES	OUTSPREAD
COCKSCOMB	GYROSCOPES	PERFIDIOUS
DESEGREGATING	INTROS	PHONOGRAPHS
DILLY	JAYWALKS	SHALLOTS
DISPARAGES	MELANIN	TOMATOES
DURABILITY	MELON	WIGGLE
EIGHTHS	NOVELLAS	
EMBODY	NUDISM	

Assorted Words 34

```
V L V P L T S E C A L U P O P
N H R S A D P E R S O N A G E
E I C Y E C U I T U V L U M I
T T Y A X V I O N A M K C M N
W C S T T D S F B E U H Y I T
O H C C R O P P I N G Q L S E
R H R O E I T M A E Z H E M R
K I U N M M D N J H S F M A R
S K B G E M I M P L I C A T E
A E B R S D E P O S I N G C L
L D E U C O N N O T I N G H A
A L R E R G J B C K M I D E T
M C S N S P U N K E D G D D I
I K S T R O P P A R D T K N O
S V Y L Y A M B I T I O U S N
```

AMBITIOUS	EXTREMES	POPULACE
COMMENCED	HITCHHIKED	RAPPORTS
CONGRUENT	IMPLICATE	SALAMIS
CONNOTING	INTERRELATION	SCRUBBERS
CROPPING	MISMATCHED	SPUNKED
DEPOSING	NETWORKS	
DIRTY	PACIFIES	
EQUATES	PERSONAGE	

Assorted Words 35

```
W  J  E  V  I  S  S  I  M  R  E  P  T  V  T
S  H  Y  L  M  E  S  R  A  P  L  Q  W  F  M
S  T  F  F  G  N  I  T  A  I  D  U  P  E  R
R  T  E  X  C  G  G  N  S  B  E  M  U  S  E
Y  S  O  K  O  C  N  D  I  U  Y  H  A  B  N
D  T  I  P  N  R  G  I  E  K  R  C  T  Q  A
S  E  T  P  S  A  R  N  T  L  S  T  C  W  C
U  P  L  A  C  V  L  N  I  C  S  T  N  W  T
G  S  S  Z  R  A  T  B  E  O  E  S  A  I  I
A  O  U  Y  I  T  Q  S  W  O  T  L  A  O  N
R  N  N  Q  P  T  L  U  I  V  N  O  E  H  G
C  S  N  Z  T  E  P  U  L  L  R  A  H  D  X
A  T  I  B  I  D  L  C  X  V  U  V  T  P  D
N  V  E  D  O  N  I  M  P  E  A  C  H  E  S
E  Z  R  G  N  I  S  R  U  C  V  J  O  Y  J
```

BEMUSE	GOATSKIN	PHOTOING
BLANKETS	HASSLE	RATTY
CONSCRIPTION	IMPEACHES	REPUDIATING
CRAVATTED	INTRUSTS	STEPSONS
CURSING	NEONATE	STOPS
ELECTING	OCULIST	SUGARCANE
ENACTING	PARSE	SUNNIER
EXULT	PERMISSIVE	

Puzzle #36

Assorted Words 36

```
J  P  K  D  G  O  R  I  G  I  N  A  L  L  Y
O  P  C  H  E  M  O  T  H  E  R  A  P  Y  S
W  D  D  S  Y  T  R  T  A  N  G  Y  I  F  A
W  I  D  E  N  L  A  P  S  X  T  D  M  K  V
R  F  Y  E  H  O  E  R  A  E  W  F  P  B  A
E  F  K  R  H  C  I  V  O  P  T  X  A  L  G
S  E  B  I  L  S  N  T  I  M  A  R  L  D  E
T  R  K  E  A  A  I  E  A  S  E  C  A  Y  L
L  E  E  E  S  S  V  N  L  C  O  M  I  M  Y
E  N  T  H  R  I  N  I  A  B  O  L  M  E  S
S  T  D  X  C  A  W  O  H  B  O  V  P  O  S
S  I  N  Y  W  T  I  E  B  C  F  C  N  X  C
L  A  L  V  U  Z  U  V  D  T  X  B  S  O  E
Y  T  S  R  V  X  D  B  A  I  I  Z  B  R  C
W  E  P  U  L  S  A  R  T  C  S  S  Q  E  C
```

BANISHED	CONVOCATIONS	SAVAGELY
BLENCHED	DIFFERENTIATE	SIDEWISE
BONSAI	EXPLOSIVELY	SMARTEST
BUTCHERS	IMPALA	TANGY
CAVIARE	ORIGINALLY	
CHEMOTHERAPY	PAPACIES	
CHIVALRY	PULSAR	
COMMEMORATED	RESTLESSLY	

Assorted Words 37

```
V  S  H  U  T  T  I  N  G  U  N  B  O  A  T
Z  C  E  T  A  R  A  L  I  H  X  E  G  B  S
A  G  N  I  L  G  N  A  T  N  E  S  I  D  P
T  N  H  M  J  O  C  O  N  D  E  N  S  E  R
T  F  C  D  D  R  E  H  T  O  O  S  D  C  N
R  C  S  H  B  E  F  R  O  S  T  E  R  E  D
I  Z  N  S  O  S  I  F  Z  R  B  T  D  V  C
B  Z  O  Q  T  R  R  F  V  E  U  S  N  D  F
U  N  B  T  T  I  W  E  I  S  L  S  L  B  A
T  I  B  L  L  W  N  O  K  L  L  A  E  R  N
I  M  Y  M  E  M  J  K  M  C  P  D  U  D  C
V  A  T  M  D  Y  L  E  E  A  E  M  D  B  I
E  N  T  R  Y  W  A  Y  E  R  N  H  E  B  L
F  G  M  G  N  I  S  I  R  P  M  O  C  X  Y
Q  O  H  B  T  L  L  E  B  E  U  L  B  L  E
```

ANCHORWOMAN	CONDENSER	ROSTERED
ATTRIBUTIVE	DISENTANGLING	SHUTTING
BLUEBELL	ENTRYWAY	SNOBBY
BOTTLED	EXEMPLIFIED	SOOTHER
BULLPEN	EXHILARATE	STINKER
CHECKERS	FANCILY	
CHORUSED	GUNBOAT	
COMPRISING	MANGO	

Assorted Words 38

```
V C O N V A L E S C I N G B H
B S F I E N D I S H U I I A V
B R E A D W I N N E R S C B Z
X O A S Y R J L C I Q R O Y I
U E S S I L G N I H S I N I F
V H S S R T R E T E I D S P
T A A O Q E O N Y T D J E H E
G N I T I K D T A E J F M A R
T C L M E G F M I T E J N J S
B E M U S I N G E L S S A G E
C S R I A P M I M P C N T U V
K T E X A C E R B A T E O X E
F R C X K A Y A K I N G R C R
H A S S L E D T Y Z O U Y N E
D L G N I T A C O V I U Q E D
```

ANCESTRAL	CONSTANTLY	IMPAIRS
ASSAIL	CONVALESCING	KAYAKING
BABYISH	DIETER	PERSEVERED
BEMUSING	EQUIVOCATING	
BRASSED	EXACERBATE	
BREADWINNERS	FIENDISH	
CLITORISES	FINISHING	
CONDEMNATORY	HASSLED	

Assorted Words 39

```
J T D N Y M P H O M A N I A C
R L J E T O T D N A L R E V O
U E V I T A N O N M E M B E R
N H O L C A Y T I N R E T A P
D O Z W E O R G N I L S U O T
T B N S S T N E M E L P M O C
C A D S T V S D D S N R O H T
Z A I M T S C A U O Y T F D H
Q T B L U O I E B C M Z L P R
J R Y M O T P H T O E J I O E
P A R T E R I F C A O S R N S
P N L T F Y E N E O C N T T H
E C O P I I C D G P S E S O O
G E B Y S D F Y D J Z A A O L
W S K E Y S T R O K E S M N D
```

BASTE	KEYSTROKES	OVERLAND
BOONS	MASOCHISTS	PATERNITY
CETACEAN	MODERATED	PONTOON
COMPLEMENTS	MUTING	TAILORED
CONDUCES	NATIVE	THORNS
FIFTY	NONMEMBER	THRESHOLD
FIRETRAP	NONSTOP	TOUSLING
FLIRTS	NYMPHOMANIAC	TRANCES

Assorted Words 40

```
M  P  X  I  N  H  A  L  A  T  O  R  S  V  A
A  G  I  S  E  L  B  I  O  F  K  I  D  T  W
R  A  Y  H  J  O  W  B  I  N  I  M  R  E  T
S  G  A  G  S  E  T  A  N  I  D  R  O  O  C
H  G  N  A  N  R  O  Y  R  R  P  X  I  T  U
A  L  K  I  L  G  O  E  M  B  M  X  N  B  T
L  E  U  X  H  C  U  S  T  O  D  I  A  N  I
L  S  B  H  Y  S  E  C  N  E  T  N  E  S  C
I  F  G  P  F  G  I  T  S  E  K  E  E  M  L
N  B  M  H  V  A  R  D  V  E  C  Y  F  N  E
G  R  Z  Z  W  T  S  E  I  L  H  S  E  L  F
W  A  K  E  N  S  R  O  L  E  S  N  U  O  C
F  I  N  G  E  R  N  A  I  L  M  W  U  T  P
V  F  N  E  F  E  L  B  A  T  A  B  E  D  X
T  P  O  I  N  C  L  O  S  I  N  G  C  L  T
```

ALLERGY	DISHING	MEEKEST
BRAWL	FINGERNAIL	SENTENCE
CENSORSHIP	FLESHLIEST	TERMINI
COORDINATE	FOIBLES	WAKENS
COUNSELOR	GAGGLES	
CUSTODIAN	INCLOSING	
CUTICLE	INHALATORS	
DEBATABLE	MARSHALLING	

Assorted Words 41

```
L W A I S T E D L A B E I P R
M I G Y R E G G U D L U K S R
E Q C N T U D U P A U S E S E
T U D E I P I F C A N D O R V
A O R I N N O Z D L D F I K E
S T A U S T I P T E E I U A R
T I W N L C I A A O R F U H B
A E L F I Z O A R Q B O Q C E
S N E W P Q A L T T U R D K R
I T D I S Y E Y O E S I U A A
Z S L L A T S A C R S N N T T
I B Q V G L I M P S E D O G E
N E T Z B G C O M E S D E C S
G C O R R U G A T I O N K D A
J Z Q Y L S U O U C O N N I L
```

ADORED	GLIMPSED	REVERBERATES
BLUNDERBUSSES	INNOCUOUSLY	SKULDUGGERY
CANDOR	LICENTIATE	SLIPS
COMES	METASTASIZING	STALLS
CONSTRAINING	OPAQUING	TURBOT
CORRUGATION	PAUSES	WAISTED
DISCOLORED	PIEBALD	
DRAWLED	QUOTIENTS	

Assorted Words 42

```
V  A  L  O  R  M  A  T  Z  O  T  H  P  A  R
Y  M  S  T  E  A  K  S  T  N  I  O  P  Q  E
P  A  R  T  I  C  I  P  L  E  N  V  Y  R  G
E  G  N  I  Z  E  E  R  F  J  S  S  B  C  I
Y  L  L  A  C  I  N  E  M  U  C  E  F  I  S
S  X  G  D  S  F  G  E  R  A  S  P  S  F  T
O  P  S  N  E  E  D  M  R  O  R  Q  A  I  E
R  S  A  M  A  T  T  E  N  V  L  R  O  H  R
P  D  E  N  U  T  O  A  C  G  A  K  O  U  E
H  V  A  C  I  R  C  N  U  I  I  T  L  W  D
A  Q  V  R  N  E  B  E  T  T  V  K  I  O  S
N  S  B  S  K  A  L  E  R  O  C  E  Z  N  F
E  N  K  S  E  E  D  U  R  C  O  N  R  J  G
D  O  N  G  O  I  N  G  S  E  L  F  U  C  D
T  I  F  L  U  N  K  S  J  Y  C  B  N  P  W
```

CEREBRUMS	FOLKLORE	POINT
CREVICE	FOOTNOTED	PUNCTUATES
CRUDE	FREEZING	RECTANGLE
DANCES	MARROWS	REGISTERED
DARKENS	MATZOTH	RISES
ECUMENICALLY	ONGOINGS	SPANIEL
ENERVATING	ORPHANED	STEAK
FLUNKS	PARTICIPLE	VALOR

Assorted Words 43

```
P  J  M  M  A  J  O  R  S  Y  F  F  I  P  S
N  E  J  D  E  T  A  C  I  R  B  U  L  C  F
O  M  O  U  R  N  F  U  L  L  E  R  E  L  Q
S  F  O  R  G  A  T  H  E  R  E  D  J  R  S
T  R  M  S  E  K  I  L  A  K  O  O  L  S  E
R  I  O  N  C  B  P  O  L  L  U  T  E  S  X
I  V  H  T  A  O  M  K  C  S  I  U  W  Y  P
L  E  Y  O  S  D  B  U  L  P  I  F  C  B  A
S  T  T  F  T  A  F  L  D  E  N  S  E  R  T
B  I  O  I  I  M  C  T  O  X  P  V  A  R  R
T  N  O  Z  G  R  O  Y  G  O  L  O  I  B  I
I  G  T  Z  A  T  A  S  F  Q  M  K  J  N  A
K  V  E  E  T  L  X  L  S  F  Y  I  Z  A  T
B  V  D  S  E  N  E  P  C  I  B  F  N  J  E
P  V  I  S  S  I  C  R  A  N  L  K  X  G  D
```

BASIS	EXPATRIATED	MOURNFULLER
BIOLOGY	FIZZES	NARCISSI
BLOOMING	FORGATHERED	NOSTRILS
CASTIGATES	LIFER	PENES
CASTOR	LISSOM	POLLUTES
CLARIFY	LOOKALIKES	RIVETING
DENSER	LUBRICATED	SPIFFY
DUMBER	MAJORS	TOOTED

Assorted Words 44

```
I  R  R  E  S  I  S  T  I  B  L  E  V  H  A
F  T  H  Q  H  N  X  T  R  U  I  N  E  D  O
O  G  C  S  T  A  O  K  N  D  R  X  U  F  W
R  G  R  E  B  G  N  I  D  A  E  B  H  J  N
E  M  N  A  F  R  O  D  T  Z  R  L  W  U  E
W  R  V  I  P  R  O  N  O  A  B  T  L  M  R
A  C  E  C  Z  E  E  A  E  U  V  Z  N  U  S
R  M  H  P  I  I  V  P  D  R  T  I  S  E  B
N  U  P  I  L  T  M  I  M  S  E  S  T  E  Y
I  W  M  A  C  A  R  O  N  I  I  C  U  C  M
N  Z  G  Q  Z  K  C  I  T  E  A  D  K  R  A
G  T  Q  C  M  A  W  S  C  S  S  N  E  O  O
Z  N  D  H  E  A  L  E  D  F  U  C  Y  S  N
S  E  S  I  C  E  R  P  E  B  A  C  P  X  H
D  E  N  E  T  S  I  O  M  D  B  Z  B  L  L
```

ACTIVATION	FOREWARNING	OWNERS
BEADING	GONER	PLAZA
BROADSIDES	GRAPEVINES	PRECISES
BULLED	HANDOUTS	RECKON
CHICKWEED	HEALED	RUINED
CITRIC	IMPERFECT	SCALPER
CUSTOMIZING	IRRESISTIBLE	
ENTRANTS	MOISTENED	

Assorted Words 45

```
P  D  M  B  D  E  D  O  M  M  O  C  S  I  D
F  B  D  E  F  E  A  T  I  S  T  S  X  N  L
L  L  I  E  L  B  K  C  P  A  E  S  A  I  A
O  M  R  R  Z  G  N  I  N  I  L  T  U  O  T
W  V  T  M  C  I  S  S  L  F  P  J  L  T  I
E  I  G  H  T  H  L  E  O  D  D  R  T  Q  T
R  E  G  N  I  S  O  A  U  H  O  F  G  T  U
B  D  E  V  O  O  R  G  T  G  C  G  A  I  D
E  S  S  J  D  Z  D  E  D  U  I  N  B  S  E
D  F  B  A  F  F  F  I  I  N  R  T  O  U  S
S  Q  Y  C  U  E  N  O  D  N  A  B  A  H  X
F  P  K  K  F  T  L  J  M  L  W  Y  V  F  P
O  T  X  E  K  I  Y  T  Y  D  U  O  L  C  A
K  U  S  T  N  U  P  A  S  L  E  P  R  A  C
F  K  Z  S  E  K  O  R  T  S  Y  E  K  B  P
```

ABANDON	EIGHTH	KEYSTROKES
BIRCH	FATIGUES	LATITUDES
BROWNIER	FELTS	OUTLINING
BRUTALIZED	FLOWERBEDS	PUNTS
CARPELS	GODLIKE	SINGER
CLOUDY	GROOVED	
DEFEATISTS	HONCHOS	
DISCOMMODED	JACKETS	

Assorted Words 46

```
K E D O N C O M I N G L K E R
D Z G N I R A D N E L A C S A
E R E L B B I R C S J W H U G
X L O U S I N G O S J Q A N A
P R P G K Y O R Y L D P U R M
L E H H O M L Z T L E K V I U
A M Y T M I B N O K M R I S F
N A S E S S O L A D R R N E F
A T I M N R E D E M O N I C I
T C C U S U R P E R U J S F N
I H S S E L I T N U L H M O X
O E X T S E F I R V G D N F O
N S S R E D N E V O R P R F P
S R O T U C E S R E P B M F J
Y T I L I B A B O R P M I Y X
```

CALENDARING	IMPROBABILITY	REMATCHES
CAROLER	LOSSES	RIFEST
CHAUVINISM	LOUSING	SCRIBBLER
DEMONIC	MISRULED	SUNRISE
EXPLANATION	ONCOMING	UNTILES
FIRMLY	PERSECUTORS	USURPER
GEOPHYSICS	PROVENDERS	
HUMANLY	RAGAMUFFIN	

Assorted Words 47

```
Z  W  C  K  O  H  M  E  N  S  W  E  A  R  L
M  O  T  I  V  A  T  E  D  E  T  L  Z  T  B
C  R  K  B  C  G  N  I  H  C  N  U  M  S  N
L  R  E  L  E  A  S  E  S  H  I  C  O  L  C
A  E  X  A  A  Z  G  G  W  U  N  I  I  R  C
U  I  U  C  P  I  G  N  I  P  O  D  F  A  G
N  I  N  K  T  P  T  O  I  F  L  A  K  Y  T
D  O  D  J  Q  S  L  N  V  R  U  T  L  K  I
R  J  D  A  E  C  P  I  E  P  R  E  W  A  R
E  E  S  C  R  C  S  R  E  D  N  A  L  S  I
S  N  M  K  W  E  T  E  U  S  I  P  H  S  R
S  M  B  M  F  U  G  O  P  C  C  V  A  C  P
E  D  Z  G  U  A  L  N  R  O  E  D  O  P  A
S  E  X  H  A  L  A  T  I  O  N  S  T  R  Z
Z  J  I  C  S  V  G  A  T  L  H  E  T  A  P
```

BLACKJACK	ISLANDERS	PROVIDENTIAL
CHARRING	LAUNDRESSES	REAPPLIES
DOPING	LINGER	RELEASES
ELUCIDATE	MENSWEAR	SPRUCEST
EXHALATIONS	MOTIVATED	
GLUMMER	MUNCHING	
GROUT	NOPES	
INJECTOR	PREWAR	

Assorted Words 48

```
X  E  V  E  I  H  T  H  D  J  S  L  F  L  Z
P  K  I  D  N  A  P  E  D  E  U  E  C  U  T
H  P  F  N  G  P  H  S  U  C  E  N  N  F  F
M  A  Z  N  O  P  F  S  N  R  J  S  E  D  O
E  T  A  U  T  I  B  A  H  O  O  E  Y  L  R
S  I  P  Y  U  E  T  C  L  S  R  S  V  A  T
T  N  G  P  W  S  M  U  J  S  S  U  W  M  H
I  E  M  N  S  T  Y  K  L  W  W  R  E  T  R
L  K  M  B  I  S  E  C  T  O  R  S  S  N  I
E  M  P  T  I  N  E  S  S  R  V  O  C  I  G
T  K  P  U  N  T  I  N  G  D  P  N  Z  B  H
T  C  E  P  S  T  R  A  F  E  E  A  O  O  T
O  B  P  K  S  D  E  I  R  R  U  L  F  C  L
P  F  I  T  T  E  R  E  I  B  M  U  R  C  Y
E  Q  Y  L  G  N  I  U  G  I  R  T  N  I  L
```

BISECTORS	FORTHRIGHTLY	PATINE
BRAINING	HABITUATE	PUNTING
CONVOLUTION	HAPPIEST	STILETTO
CROSSWORD	HAYSEED	STRAFE
CRUMBIER	INTRIGUINGLY	THIEVE
EMPTINESS	KIDNAPED	
FITTER	LENSES	
FLURRIED	NEURONS	

Assorted Words 49

```
U  S  Q  S  R  A  L  U  P  O  P  M  I  Z  M
Z  I  C  T  Q  S  H  O  U  L  D  E  R  B  P
I  L  O  X  L  A  F  F  I  D  A  V  I  T  S
N  K  P  V  R  E  G  D  A  N  D  R  U  F  F
C  I  I  P  R  O  V  I  D  E  N  T  L  Y  Y
U  E  E  A  V  E  S  D  R  O  P  P  I  N  G
L  S  R  D  E  K  S  A  B  L  U  N  T  E  S
C  A  S  S  A  Y  S  E  T  A  T  O  N  N  A
A  F  M  E  D  I  O  C  R  I  T  I  E  S  V
T  R  Z  S  N  A  I  C  I  N  I  L  C  I  A
I  U  U  Z  S  T  E  L  N  I  X  R  T  K  G
O  M  E  S  T  A  E  H  E  R  P  E  C  F  E
N  P  E  C  Q  K  V  J  G  X  P  R  B  M  S
C  Y  K  S  G  A  D  O  G  G  H  U  W  O  T
E  N  O  T  N  I  V  C  Y  R  E  N  N  U  G
```

AFFIDAVITS	EAVESDROPPING	POPULARS
ANNOTATES	EGGHEADS	PREHEATS
ASSAYS	FRUMPY	PROVIDENTLY
BASKED	GUNNERY	RERUN
BLUNT	INCULCATION	SAVAGEST
CLINICIANS	INLETS	SHOULDER
COPIERS	INTONE	SILKIES
DANDRUFF	MEDIOCRITIES	

Assorted Words 50

```
B  O  G  B  C  S  K  C  A  T  S  Y  A  H  B
P  U  K  C  A  S  N  A  R  T  C  E  R  I  D
V  T  L  B  M  S  N  A  G  R  O  S  Y  S  E
U  S  I  L  L  E  G  A  L  I  T  I  E  S  P
W  O  Q  D  M  T  D  E  D  I  R  T  S  G  L
S  U  G  S  G  E  S  E  J  Z  C  A  U  D  A
M  R  E  M  U  N  T  A  K  M  I  I  I  U  N
F  C  O  F  O  O  I  A  E  N  C  F  T  F  E
H  I  Q  T  I  S  N  T  B  R  A  W  L  E  D
O  N  W  I  A  W  E  I  T  O  B  R  S  T  D
B  G  A  B  U  V  E  L  M  A  L  A  C  V  H
X  E  P  W  N  C  O  S  T  U  M  I  N  G  V
S  E  I  D  R  A  T  N  U  R  T  R  Z  G  Q
Y  W  T  K  N  A  R  P  N  O  U  I  O  E  E
G  N  I  D  A  E  L  P  O  I  H  H  B  F  S
```

ABREAST	FORMATTING	OUTSOURCING
BITUMINOUS	HAYSTACKS	PLEADING
BRAWLED	HOUSEWIFE	PRANK
CITED	HURTLES	RANSACK
COSTUMING	ILLEGALITIES	STRIDE
CRANKED	INNOVATORS	TARDIES
DEPLANED	METABOLIZES	WAPITI
DIRECT	ORGANS	

Assorted Words 51

```
F  J  B  H  I  Z  Y  S  V  S  B  I  I  V  J
L  F  N  X  A  I  G  L  N  H  Z  Z  G  V  L
C  C  F  S  F  I  T  Q  D  E  O  U  L  R  W
V  O  A  Q  T  K  L  X  K  L  A  A  O  M  F
V  M  N  R  A  S  Y  E  L  L  A  K  O  O  P
I  M  Z  T  J  P  A  B  D  E  B  B  S  N  B
G  U  Z  D  E  A  P  L  U  D  N  O  H  O  U
C  N  S  T  N  N  C  R  B  E  O  T  E  P  H
R  I  I  D  H  E  D  K  O  O  R  T  A  O  A
B  O  R  R  W  Q  M  I  S  V  M  O  T  L  L
Q  N  B  Y  R  O  K  M  N  Q  A  M  H  I  I
V  W  Q  T  S  A  R  J  O  G  L  L  E  E  B
U  F  P  L  F  J  M  C  B  C  I  F  S  S  U
U  I  N  V  E  S  T  I  G  A  T  I  N  G  T
S  R  A  T  S  E  D  O  L  F  Y  P  G  T  M
```

ABNORMALITY	COMMUNION	MARRING
ALLEYS	CONTENDING	MONOPOLIES
APPROVALS	CROWDS	SHEATHES
BALDLY	HAILED	SHELLED
BLASTS	HALIBUT	SNEAK
BOTTOM	IGLOO	
CARJACKS	INVESTIGATING	
COMMEND	LODESTARS	

Assorted Words 52

```
D  P  A  S  T  R  A  M  I  D  C  K  X  S  P
W  E  H  P  E  N  D  T  H  I  C  C  Z  L  R
X  L  I  B  R  E  T  T  O  S  Y  A  P  O  O
Q  Z  P  R  E  V  E  N  T  H  L  P  H  W  S
K  J  F  P  R  D  L  H  P  R  U  T  O  S  P
I  D  T  V  D  E  C  I  M  A  T  I  N  G  E
N  Q  K  X  C  M  F  B  H  G  P  V  E  Y  C
E  W  H  S  I  L  L  E  B  M  E  A  Y  H  T
M  M  U  C  K  I  E  S  T  A  F  T  W  A  O
A  L  M  I  L  L  I  O  N  T  H  I  J  C  R
T  P  U  O  C  E  R  T  D  D  Z  O  M  K  D
I  C  Z  E  B  E  T  T  E  R  I  N  G  L  M
C  R  S  W  D  E  M  I  A  L  C  C  A  E  G
S  E  S  I  V  E  R  N  E  G  O  R  T  S  E
P  O  P  L  A  R  S  G  N  I  O  B  M  I  L
```

ACCLAIMED	FERRIED	PAPAW
BESOTTING	HACKLES	PASTRAMI
BETTERING	KINEMATICS	PHONEY
CAPTIVATION	LIBRETTOS	POPLARS
DECIMATING	LIMBOING	PREVENT
DISHRAG	MILLIONTH	PROSPECTOR
EMBELLISH	MUCKIEST	RECOUP
ESTROGEN	NEPHEW	REVISES

Assorted Words 53

```
N  I  T  M  A  T  E  R  I  A  L  I  Z  E  S
B  J  N  E  Q  C  D  O  K  Z  O  A  P  R  D
S  K  W  T  E  G  R  E  C  H  E  C  K  E  E
D  A  A  K  R  N  Y  P  L  V  G  K  H  A  A
V  K  I  G  I  A  I  H  L  T  E  T  X  P  C
C  E  N  O  N  L  N  E  E  O  S  Z  S  P  T
A  L  J  I  U  I  L  S  S  B  T  O  T  L  I
P  S  U  J  W  Q  M  I  I  T  U  S  J  I  V
S  O  R  M  R  D  E  E  N  G  R  S  M  E  A
U  L  F  E  P  F  O  S  H  G  E  U  O  S  T
L  A  B  Y  L  S  U  O  I  C  S  N  O  C  E
I  R  Z  V  B  I  E  X  H  R  S  F  T  R  D
N  I  A  I  M  E  X  O  R  C  I  S  T  S  A
G  A  O  N  M  O  D  E  L  V  U  J  Y  H  N
T  K  D  O  V  E  R  G  E  N  E  R  O  U  S
```

CAPSULING	INTRANSIGENTS	RECHECK
CLUMPS	JOSTLED	SCHEMING
CONSCIOUSLY	KILLINGS	SEQUOIAS
DEACTIVATED	MATERIALIZES	SOLARIA
EXILE	MODEL	TEENIEST
EXORCISTS	OVERGENEROUS	
GESTURES	PLOTS	
HOODWINK	REAPPLIES	

Puzzle #54

Assorted Words 54

Q A K N S C D E V I D E S O N
R G R A T I F I C A T I O N W
E Y B D J S E E P E D E W M P
C U L U T K E N R I C H E D C
O I B S L A N O I T N E T N I
M F D T S I I Y T O O L J C S
M R I P S E Y L L I H C V W P
E X D A A T L L Y I N C W S R
N V Z N N P O E K E T O H E O
D M I S D T L A S C N F B D U
I R F D M U B B T A A K A E T
N I T N E I L L U B E R C R S
G X W F N N D A T S Z C C A C
R E K I H H C T I H C O S I H
H A M B U R G E R E L P A T S

BONITOES
CEASELESSLY
CHILLY
CRACKLY
CRAFTILY
DUSTPANS
EBULLIENT
ENRICHED

EVIDENCE
GRATIFICATION
HACKNEY
HAMBURGER
HITCHHIKER
INTENTIONAL
NOSEDIVED
RECOMMENDING

SANDMEN
SEEPED
SPROUTS
STAPLER
STOAT

Assorted Words 55

```
C  D  E  S  O  L  A  T  E  N  E  S  S  D  O
S  C  L  B  C  A  R  P  E  T  N  Y  E  M  B
T  U  U  C  I  I  L  X  M  G  O  A  A  P  I
W  I  N  H  O  F  B  L  O  O  D  Y  R  A  T
D  P  F  A  T  V  O  R  E  T  H  I  R  W  U
J  E  A  P  C  R  E  C  L  L  A  C  Z  P  A
F  E  T  S  N  O  I  T  A  T  U  P  M  A  R
R  L  E  S  T  A  D  B  S  L  D  I  Y  W  Y
E  X  U  R  I  G  N  I  N  E  K  C  A  L  B
P  Q  E  F  I  F  P  S  S  R  N  N  O  A  X
R  L  M  Z  F  N  E  U  H  T  U  A  Q  M  J
E  Z  I  T  O  E  G  S  E  E  A  O  C  C  T
S  P  I  K  E  S  D  D  O  L  E  F  T  A  O
S  S  G  N  I  T  I  M  I  L  I  R  F  E  L
M  I  S  C  A  L  L  E  D  X  C  P  S  S  D
```

ALLELUIA	COVETS	OBITUARY
AMPUTATIONS	DESOLATENESS	PAWPAW
BIFOCAL	DETOUR	PILEUP
BIRTH	DISTAFFS	REPRESS
BLACKENING	FLUFFED	SHEERS
BLOODY	JEERING	SPIKES
CARPET	LIMITINGS	
CLOSEFISTED	MISCALLED	

Assorted Words 56

```
Y  S  P  E  L  A  T  A  C  R  E  H  C  N  P
V  N  D  E  V  I  S  U  L  L  I  W  A  Z  E
F  L  O  O  R  E  C  O  R  D  E  D  N  L  R
J  H  U  G  N  I  K  L  I  M  G  Q  N  U  S
Y  U  C  L  A  R  B  I  T  R  A  T  O  R  E
R  J  H  A  O  W  E  Y  P  D  R  D  N  I  V
E  E  I  S  K  O  A  V  L  G  B  O  B  D  E
S  V  N  G  E  J  S  D  B  I  I  G  A  N  R
U  I  G  G  S  R  X  E  I  W  M  F  L  E  A
M  L  S  X  C  A  O  I  N  E  J  O  L  S  N
I  D  L  Y  M  R  W  C  N  S  S  U  O  S  C
N  O  G  A  L  M  A  N  A  C  S  G  E  L  E
G  E  V  B  A  A  Q  G  C  B  R  H  N  L  G
E  R  G  B  Q  Z  N  B  L  T  L  T  W  X  Y
Z  S  Y  F  A  X  P  A  E  K  Z  A  U  B  U
```

AGONY	DOGFOUGHT	LURIDNESS
ALBACORES	DOUCHING	MILKING
ALMANACS	EVILDOERS	PERSEVERANCE
ANALYSIS	FLOOR	RECORDED
ARBITRATOR	GLOOMILY	RESUMING
BINNACLE	ILLUSIVE	WADIES
CANNONBALL	JIGSAW	
CATALEPSY	LOOSENS	

Assorted Words 57

```
G Y S P D G N I T E H C A C G
I R N W E E X D S W L C X Y Z
Y X U X L X T O E R O V N I H
F S H B A B F I N C E S M J O
H L Z J Y F F V R L N L O R I
E D U S S N E P E E D A A M P
I S E C B T D J R Y M D H E E
G C U R T A I L M E N T S N H
H R I T T U S P M Y T N C R E
T U E J F S A J T J I U A O Z
E B N B J B F T Z O T C C R X
N B H S Y K F R E G E Q L V C
I I F V L Y E N I R H S N E X
N N Z B M Y C T Y L D I V I L
G G E X P A T I A T E S U F J
```

CACHETING	ENSHRINE	TIPTOES
CRANNY	EXPATIATES	TWOSOME
CURTAILMENTS	FLUCTUATE	
CUTER	HEALERS	
DEEPENS	HEIGHTENING	
DELAYS	LIVIDLY	
DISAFFECT	MERITED	
ENHANCED	SCRUBBING	

Assorted Words 58

```
S  S  B  M  O  C  Y  E  N  O  H  I  D  X  W
J  O  R  N  M  H  E  R  P  E  S  U  Q  M  R
O  R  I  Z  X  H  A  S  E  C  N  U  O  R  T
B  E  F  C  B  R  I  G  H  T  N  E  S  S  I
E  K  L  Z  N  L  A  D  X  J  U  X  U  P  F
H  D  Y  B  H  U  O  R  E  O  E  C  F  W  H
E  C  S  Y  A  D  N  C  C  O  B  I  A  X  H
M  A  P  U  W  I  Y  C  K  H  U  L  B  R  N
O  N  E  M  F  A  V  A  W  A  I  T  I  N  G
T  D  C  B  A  L  N  N  D  U  G  V  S  A  O
H  I  K  R  V  S  K  K  E  A  M  E  E  P  M
S  D  I  A  O  B  G  E  K  M  W  W  S  S  T
S  A  N  G  O  G  A  R  A  G  E  T  K  F  E
S  T  G  E  D  Y  H  E  D  L  A  M  R  O  F
T  E  U  D  T  H  K  D  E  F  I  N  E  S  R
```

ARCHIVES	DEFINES	MAILBOX
AWAITING	ENVIABLE	NUNCIOS
BEHEMOTHS	FLYSPECKING	TROUNCES
BLOCKAGES	FORMALDEHYDE	UMBRAGED
BRIGHTNESS	GARAGE	
CANDIDATE	HERPES	
CANKERED	HIDEOUTS	
CUTER	HONEYCOMBS	

Assorted Words 59

```
D A N S C O M P E L L E D P O
R E N C E O B X B O H L N O V
A N F A X R L K W M F A R T L
C E P A C J U O M U M M E R S
C W C O U H A T N U C E S N N
O S Q O M L R B R I P N T L O
O P B L N P T O S U Z T O B O
N A L E H S A E N C N E C O P
S P B M Z C E D D I O D K N I
T E D E K O V N O C S N E G E
A R Z N J F P Q T U D M D O S
T E Q D N E U E X I R E S S T
I D E M O L I T I O N E D G O
O W E A K E S T E E R G D I S
N B S E T A M I T S E W E E S
```

ABSCONDS	DEMOLITION	POMPADOURED
ANACHRONISMS	EMEND	RACCOONS
BONGOS	ESTIMATES	RESTOCKED
COLONIZE	GREETS	SIDED
COMPELLED	LAMENTED	SNOOPIEST
CONSENTING	MUMMERS	STATION
CONVOKED	NEWSPAPERED	WEAKEST
DEFAULTED	NURTURES	

Assorted Words 60

```
T  S  H  U  Y  G  D  E  R  U  S  S  E  R  P
O  W  T  T  G  L  C  G  N  I  K  C  N  I  Z
D  K  F  N  P  I  L  I  Y  E  A  I  S  M  X
O  Y  T  R  E  H  Q  A  L  F  L  N  L  U  C
R  H  X  F  E  T  Q  P  G  I  E  B  R  D  G
O  Y  V  N  T  T  R  P  M  E  C  R  S  M  W
U  F  L  U  E  S  T  O  M  N  L  E  T  R  S
S  I  W  C  J  N  G  I  P  G  J  E  B  U  C
D  Z  A  G  Q  F  X  N  N  D  P  D  Y  M  P
S  E  K  I  H  F  Z  T  I  G  M  S  G  M  I
F  B  L  I  S  S  E  S  P  R  K  G  C  C  P
B  J  D  I  J  F  E  S  T  E  R  I  N  G  G
R  V  A  H  A  T  W  H  E  F  F  A  C  E  L
M  B  N  I  V  L  S  E  T  A  L  U  B  A  T
T  N  G  J  O  B  F  S  T  O  R  M  I  N  G
```

APPOINTS	HIKES	STORMING
BARRINGS	IMBECILIC	TABULATES
BLISSES	INBREEDS	ZINCKING
EFFACE	LEGALLY	
FESTERING	ODOROUS	
FLAILED	PORTENTS	
FLUES	PRESSURED	
FRETTING	PUTREFY	

Puzzle #61

Assorted Words 61

S P S Z R F N Y D Y C F J S C
N F C S S E N I P M U R G O O
C I R S D D I T G W Y A I L A
V L U X T E T K H H N W M O S
J I B G Z R D M S R E F J I T
P B B I R A A L A U O S U S I
R U E A C L Z W I R H V T T N
O S R V X I B R C W G L E S G
G T G V I S N M E S S I A H S
R E G N I T P U R S I D N J N
E R Z C A S A D E B B O C S C
S G G I G F E G B H S Y P H R
S Q B L U S T E R E D T P Y N
E X O I D S M G U U P V W G K
D S L A U S I V M I P G W E E

BLUSTERED
CEREBRUM
CILIA
COASTING
COBBED
DISRUPTING
FANGS
FEDERALISTS

FILIBUSTER
GRUMPINESS
HUSKIER
MARGINS
MESSIAHS
NIGHEST
PROGRESSED
PURGATIVE

SCRUBBER
SOLOISTS
THROVE
VISUALS
WARTS
WILDED

Assorted Words 62

```
U  K  M  Y  D  N  A  L  N  I  A  M  K  A  F
R  V  D  E  R  E  T  T  I  L  T  Z  U  A  V
H  E  L  I  C  O  P  T  E  R  T  R  R  R  X
G  N  I  R  E  L  L  O  H  D  R  I  G  M  V
Z  N  P  D  E  V  A  L  S  M  A  V  E  E  X
P  L  U  B  B  M  J  C  W  I  C  K  N  R  G
D  C  B  Y  E  T  L  U  P  A  T  A  C  C  U
F  N  H  C  R  A  L  R  M  V  I  I  Y  H  A
F  T  I  K  I  K  P  R  J  R  V  J  O  A  V
S  L  S  B  B  W  T  I  V  V  E  X  W  N  A
E  H  T  A  E  R  W  C  Z  O  L  R  H  T  S
R  X  N  V  R  R  A  U  R  K  Y  E  V  I  T
T  O  G  Z  I  S  O  L  A  C  I  N  G  N  V
S  E  L  B  A  N  R  U  T  E  R  K  D  G  H
U  S  Q  U  A  D  S  M  I  S  N  O  M  E  R
```

ATTRACTIVELY	LARCH	SOLACING
BERIBERI	LITTERED	SQUADS
CATAPULT	MAINLAND	URGENCY
CURRICULUM	MERCHANTING	WREATHE
DEPOSITIONS	MISNOMER	
GUAVAS	REBIND	
HELICOPTER	RETURNABLES	
HOLLERING	SLAVED	

Assorted Words 63

```
U  Q  N  O  T  A  M  O  T  U  A  W  P  G  C
Y  I  N  C  O  M  P  E  T  E  N  C  E  M  F
W  Z  J  R  P  S  R  E  D  N  I  L  B  A  Y
D  E  T  A  N  O  B  R  A  C  Q  F  D  N  R
C  H  A  M  P  I  O  N  S  H  I  P  G  G  F
S  A  L  B  A  C  O  R  E  S  A  E  U  L  R
D  L  H  H  I  D  M  T  O  R  Q  U  E  I  E
Y  N  L  T  S  T  E  H  C  O  R  C  S  N  N
V  H  A  I  U  R  D  R  G  M  Z  P  S  G  Z
I  L  N  L  R  R  X  N  E  N  O  E  I  G  I
Z  B  Q  W  M  H  T  E  U  D  I  D  N  C  E
E  S  T  I  M  A  T  I  N  G  L  C  G  A  D
H  P  R  O  F  F  E  R  E  D  L  U  I  Y  L
G  G  N  I  N  E  K  R  A  E  H  U  O  D  Y
M  O  R  A  L  I  Z  E  D  H  G  P  Y  B  V
```

ALBACORES	DICING	MORALIZED
AUTOMATON	DREAMLAND	PROFFERED
BLINDERS	ESTIMATING	THRILLS
BOOMED	FRENZIEDLY	TORQUE
BOULDERED	GUESSING	TRUTH
CARBONATED	HEARKENING	
CHAMPIONSHIP	INCOMPETENCE	
CROCHETS	MANGLING	

Assorted Words 64

```
X  C  I  T  E  R  O  E  H  T  D  E  D  N  T
E  Q  O  S  U  N  S  C  R  E  E  N  X  G  W
F  R  E  N  E  G  A  D  E  D  H  Y  V  U  T
I  F  I  B  N  H  D  E  X  P  U  N  G  E  D
G  D  G  S  V  E  C  I  X  T  M  H  G  S  X
R  N  E  N  M  G  C  A  G  D  I  Z  H  S  G
R  E  I  N  I  H  N  T  E  N  D  W  S  T  R
E  K  T  H  T  M  S  I  I  T  I  J  L  I  E
S  F  O  A  C  I  O  E  N  V  F  T  L  M  C
T  P  X  O  E  N  F  O  H  O  I  A  Y  A  T
O  B  I  T  B  W  A  I  B  C  E  T  I  T  I
R  E  N  E  X  K  S  T  E  A  R  G  Y  E  F
E  S  S  E  L  P  O  T  S  R  S  O  N  S  I
R  L  N  N  H  P  F  O  A  L  S  A  C  U  E
S  K  I  L  L  F  U  L  C  P  N  X  S  S  D
```

BOOMING	GUESSTIMATES	SUNSCREEN
CONNECTIVITY	IDENTIFIERS	SWEATER
COOKBOOK	RECTIFIED	TEACHES
DEHUMIDIFIERS	RENEGADED	THEORETIC
DIGNITY	RESTORERS	TOPLESS
DUNGEONING	SCORCHES	TOXINS
EXPUNGED	SKILLFUL	
FOALS	STANCHING	

Assorted Words 65

```
B  M  W  R  U  G  N  I  T  B  U  O  D  E  R
S  D  R  E  G  E  N  C  I  E  S  E  A  O  O
O  C  A  N  O  N  I  Z  A  T  I  O  N  S  M
U  P  H  R  E  P  O  S  S  I  B  L  E  R  G
T  S  R  I  J  H  S  W  C  D  S  D  C  O  M
H  S  R  E  S  C  D  E  T  O  X  E  D  O  F
E  N  E  E  D  E  P  U  A  W  X  V  O  N  A
R  L  E  N  H  O  L  O  I  E  T  O  T  L  M
N  B  A  Z  N  S  M  S  R  L  P  W  A  O  O
M  N  V  S  I  U  I  I  U  T  H  V  Q  O  U
O  C  I  E  Y  L  F  L  N  H  I  X  G  K  S
S  L  X  K  S  L  A  R  O  A  X  C  Z  E  D
T  A  R  D  N  U  T  N  I  P  T  X  O  R  T
F  I  N  G  E  R  P  R  I  N  T  E  D  S  S
S  S  E  N  L  L  I  T  S  F  C  K  S  K  H
```

ANECDOTA	FUNNEST	REGENCIES
CANONIZATIONS	ONLOOKERS	SOUTHERNMOST
CHISELS	ORALS	STILLNESS
DETOXED	POLISHERS	TUNDRA
DOWEL	PORTICOS	
FAMOUS	POSSIBLER	
FINALIZE	PREDOMINATES	
FINGERPRINTED	REDOUBTING	

Assorted Words 66

```
Y H H D E R E P A I D S O F P
M S L I V E D E R A D O X W L
A B S Y D Z E X T Y C P U P E
R H C E C E T A L O I V N I A
A C S A N U M N G T O G V T S
T G P Y B L D E I B U B L C A
H S O S L A U D H A Y L G H N
O E I A N L L F L C P N T F T
N T L T E U U K H I S E O O E
E E E D A A G F I T E I R R R
R A R I R M Q G T E I S I K A
S C J C K U A B L H S A T I B
G H W H P Q C R I I G T F M D
S N I K S G I P D A N I K W A
B T Q J C F I Z Z I N G R E M
```

BALKIEST	FIZZING	SCHEMED
BOOTEE	INVIOLATE	SNUGGLING
CUDDLIEST	MARATHONERS	SPOILER
CURDLE	PIGSKINS	TEACH
DAREDEVIL	PITCHFORK	
DIAPERED	PLEASANTER	
DRAMATIST	REPAINT	
FAITHFULNESS	RIGHTFULLY	

Assorted Words 67

```
S T H G I S D N I H B W V L E
C S G E N E A L O G I C A L L
W T V B L A R N E Y I N G A H
R O A O Z B A T T I N G R M D
A P C M B S H B A P F R A X I
T C C B G U N F I G H T S J V
H O I I P R S R E G E N T S U
L C N N A D E N E V D C O X L
M K E G R I W D R C D A O I G
I S S M R T R E L E S I H C E
S F T O O I L L F U C I L Q D
S F I L T E R E D Y O S H L A
A K L B E S S P N F Z B I E N
L H T Q D R G R A N U L E D Z
S V S D B R G D N U O B T U O
```

ABSURDITIES	FIELD	PARROTED
BATTING	FILTERED	REGENTS
BLARNEYING	GENEALOGICAL	STILTS
BOMBING	GRANULE	STOPCOCKS
BOULDER	GUNFIGHTS	VACCINES
CHISELER	HINDSIGHT	WRATH
DISCERNS	MISSALS	
DIVULGED	OUTBOUND	

Assorted Words 68

```
E  Q  O  A  W  R  S  S  L  N  B  D  L  F  V
K  T  A  O  A  T  E  R  U  E  W  B  X  W  S
R  E  U  E  K  L  R  I  E  L  V  Q  V  W  U
S  E  E  B  S  S  E  A  N  S  L  E  J  H  R
T  B  K  N  I  E  E  M  D  I  U  A  L  J  R
A  D  E  I  S  R  I  Z  W  U  A  O  H  A  E
N  A  J  N  B  E  T  R  I  H  C  R  O  P  A
D  S  U  U  I  G  R  S  A  R  J  E  A  R  L
O  O  L  G  D  T  N  U  I  D  O  U  S  K  I
U  U  T  E  E  T  N  I  L  D  I  H  R  T  S
T  S  P  Z  S  R  H  E  I  I  E  P  T  E  T
S  P  O  O  N  E  D  V  D  X  A  R  A  U  S
M  I  S  G  I  V  I  N  G  O  A  F  T  L  A
K  R  E  S  P  O  N  D  E  D  U  T  H  F  V
Y  P  Z  Y  S  R  E  L  I  A  T  E  R  L  O
```

AUGER	LAPIDARIES	RETAILERS
AUTHORIZES	LEVEL	SPOONED
BIDES	MISGIVING	STANDOUTS
BIKER	PHALLUS	SURREALISTS
DENTINE	PORCH	TAXIING
DIESELS	RAINIER	TRADUCES
FAILURES	REDISTRIBUTE	USERS
KEENS	RESPONDED	

Assorted Words 69

```
N  O  O  C  A  R  M  P  R  J  J  C  L  J  U
M  A  N  L  Y  G  C  D  B  P  F  A  O  G  L
C  S  E  P  Y  T  O  T  O  R  P  N  A  R  V
O  O  P  D  E  L  K  C  I  R  P  D  T  A  P
V  G  N  I  L  L  E  V  O  R  G  I  H  T  S
R  E  R  S  J  W  B  Y  W  O  R  D  S  I  C
M  N  M  E  T  C  H  A  P  E  L  N  O  F  R
C  E  S  K  D  A  L  W  L  R  F  E  M  I  U
S  L  R  L  P  N  B  E  E  I  I  S  E  E  B
E  W  O  I  O  A  U  U  A  V  A  S  N  D  B
H  X  M  V  N  R  S  S  L  N  F  S  E  S  I
Z  R  C  A  E  G  A  P  L  A  U  Z  S  B  N
H  O  N  E  Y  R  U  C  E  L  R  P  S  A  G
B  B  Z  L  P  O  S  E  O  N  A  Y  S  S  W
O  K  X  H  L  T  B  V  S  W  S  M  K  I  B
```

ASPENS	CONSTABULARY	MERINGUES
ASSAILABLE	EXCEPT	PRICKLED
BYWORD	GRATIFIED	PROTOTYPES
CANDIDNESS	GROVELLING	RACOON
CAROLS	HONEY	SCRUBBING
CHAPEL	LOATHSOMENESS	UNDERGO
CLEANUP	MALLS	
CLOVERS	MANLY	

Assorted Words 70

```
S  I  K  D  Q  C  O  N  C  E  I  V  E  S  R
D  S  L  O  O  T  S  T  O  O  F  F  P  D  E
K  I  G  O  S  S  I  P  I  N  G  C  T  R  S
S  A  V  L  N  I  J  X  X  B  O  H  M  E  T
C  A  D  E  R  O  N  O  H  L  U  R  A  C  U
R  G  D  C  R  L  W  U  Q  U  T  O  M  L  D
I  D  Z  O  D  T  M  I  A  F  S  N  B  A  I
P  W  E  L  R  Q  E  D  S  F  T  O  O  S  E
T  N  A  L  H  A  H  D  T  E  R  L  I  S  D
U  B  L  O  V  A  B  R  A  S  I  O  N  I  L
R  S  O  Q  I  X  O  L  U  T  P  G  G  F  O
E  C  T  U  P  X  P  E  E  L  S  I  R  I  Q
S  N  O  I  N  I  M  D  Q  U  I  C  H  E  S
Y  L  S  U  O  L  E  V  R  A  M  A  B  D  B
N  L  T  M  N  F  Q  Y  L  W  O  L  S  T  L
```

ABRASION	GOSSIPING	QUICHES
ADORABLE	HONORED	RECLASSIFIED
BLUFFEST	MAMBOING	RESTUDIED
CHRONOLOGICAL	MARVELOUSLY	SCRIPTURES
COLLOQUIUM	MINIONS	SLOWLY
CONCEIVES	NOWISE	ZEALOT
DIVERTED	OUTSTRIPS	
FOOTSTOOLS	PEELS	

Assorted Words 71

```
M  E  V  I  T  A  R  E  P  O  N  I  A  M  M
U  E  X  N  U  S  T  S  A  M  E  R  O  F  M
S  F  W  Q  S  R  E  L  K  C  E  H  T  E  I
K  E  Y  G  R  E  U  T  E  C  T  I  C  M  C
E  A  K  R  U  R  I  T  X  E  I  R  X  I  R
T  R  L  O  T  N  E  G  I  L  I  D  W  N  O
E  F  O  S  C  J  E  K  O  Q  O  V  S  I  C
E  U  R  S  H  M  Q  C  A  L  R  Q  L  N  O
R  L  D  L  U  Z  D  L  N  M  O  V  C  I  S
F  Q  L  Y  R  C  L  H  V  I  S  M  J  T  M
D  L  Y  C  N  S  M  K  B  H  V  S  S  Y  S
L  T  O  H  S  D  O  O  L  B  Z  N  E  O  W
R  E  O  O  N  V  T  H  A  I  R  D  O  R  C
H  O  G  Q  Z  P  R  A  H  S  D  R  A  C  D
D  O  E  G  M  Y  P  E  R  C  E  N  T  S  N
```

BLOODSHOT	EUTECTIC	INOPERATIVE
CARDSHARP	FEARFUL	LORDLY
CHURNS	FEMININITY	MICROCOSMS
COKES	FLOOZY	MUSKETEER
CONVINCE	FOREMASTS	PERCENTS
COSMOLOGIES	GROSSLY	
DILIGENT	HAIRDO	
DRESSMAKER	HECKLERS	

Assorted Words 72

```
Y  L  L  U  G  Y  C  P  W  F  V  C  D  M  N
V  X  S  G  N  I  T  S  E  V  N  I  E  R  L
R  X  D  Y  L  E  D  I  L  S  D  U  M  N  N
D  G  I  O  C  G  H  E  U  O  T  N  X  G  E
G  E  N  S  S  A  C  C  L  Q  G  M  K  S  G
P  W  N  I  T  M  R  M  N  F  I  P  I  Q  O
R  R  H  G  P  B  A  E  U  U  F  N  K  U  T
O  M  Y  E  I  U  L  R  T  L  P  U  I  A  I
F  Z  I  M  U  L  O  O  D  I  B  Y  C  B  A
U  C  P  B  V  A  A  R  Z  B  L  E  E  S  B
S  L  L  L  G  N  T  E  G  E  S  L  R  K  L
I  H  A  A  W  C  Y  K  K  L  N  B  I  R  E
O  S  O  Z  N  E  M  M  B  S  O  G  F  J  Y
N  G  X  O  V  S  R  R  U  B  S  X  E  E  B
S  D  U  N  M  U  S  C  U  L  A  R  I  T  Y
```

ALIGNED	ILLITERACY	NEGOTIABLE
AMBULANCES	INIQUITY	PROFUSIONS
BURRS	KEYPUNCH	REINVESTING
CLANS	LIBELS	SCUFFLE
DRAMS	LOZENGE	SQUABS
EMBLAZON	MUDSLIDE	
GROUPING	MULBERRY	
GULLY	MUSCULARITY	

Assorted Words 73

```
I  S  O  M  E  T  R  I  C  S  W  Z  L  C  N
E  S  I  N  O  F  F  E  N  S  I  V  E  L  Y
O  C  Q  Y  L  L  A  M  I  N  I  M  X  N  W
B  A  I  F  P  P  B  D  I  D  N  O  J  Q  P
L  N  U  O  R  M  M  L  E  S  L  L  M  Z  E
I  T  H  A  H  I  L  S  A  S  T  D  S  T  A
G  I  Q  O  G  C  D  G  I  C  O  R  J  F  S
A  E  R  X  D  R  I  G  E  T  K  P  U  A  A
T  R  G  E  S  I  C  R  E  X  E  J  S  S  N
E  X  O  J  E  E  G  T  C  T  O  N  A  I  T
N  R  U  T  P  U  G  I  S  A  S  L  G  C  D
S  K  R  O  W  E  M  A  R  F  I  O  S  A  K
A  V  D  E  H  S  A  L  S  F  O  O  P  G  M
Q  G  B  E  D  F  E  L  L  O  W  S  B  I  H
Z  S  T  S  I  L  A  R  U  M  D  V  G  F  R
```

BEDFELLOWS	FRIDGE	MURALISTS
BLACKJACK	FRIGID	OBLIGATE
CHOICE	GOURD	PEASANT
CIRCA	INOFFENSIVELY	RIPOSTE
DISPOSED	ISOMETRICS	SCANTIER
DOSAGES	MAGNETISM	SLASHED
EXERCISE	MINIMALLY	UPTURN
FRAMEWORKS	MISTRUST	

Assorted Words 74

```
I R Y D E G N I T R E S S A D
V I R P L A S T I C I T Y T T
T V U O S E I C N A C A V C W
R A U V S R P T L M B F V O S
A L Y C V I E M A D A C A M M
N L P L E N V I K X Q L A M J
S I T W S X C I R Z Q K S E D
P N F S N S E R D R V F J M A
A G O I E O E C I C A N N O T
R J Y I Y I E L U P N C P R A
E A E P S K T G R T P Q J A B
N Z R O I U O L R E A L M T A
C A S B F A L O A U W B E I S
Y Y L A C I L E H S S O L V E
I F L I V E R Y D M L G P E A
```

ASSERTING	FOYERS	RIVALLING
CANNOT	HELICAL	SALTIEST
CARRIER	HOOKY	SURGEON
COMMEMORATIVE	LIVERY	TINGED
DATABASE	MACADAM	TRANSPARENCY
DELUSIONS	PLASTICITY	VACANCIES
DIVISOR	POWERLESSLY	
EXECUTABLE	RIPPLE	

Assorted Words 75

```
M  L  Y  I  D  E  N  T  I  F  I  A  B  L  E
S  T  O  C  K  S  B  A  S  O  E  J  M  O  D
S  S  A  R  A  H  L  P  S  I  J  N  O  B  P
A  E  T  Q  U  A  U  P  E  Z  E  L  D  D  K
L  S  L  L  K  K  R  R  R  Z  A  R  E  U  N
T  A  E  B  E  D  R  O  E  E  G  O  R  R  I
W  K  A  D  M  X  I  V  S  R  T  X  A  A  C
A  M  E  G  I  U  E  I  T  I  Q  E  T  T  K
T  W  K  E  I  R  R  N  Q  R  Y  R  E  I  K
E  X  Q  O  N  H  Y  G  N  O  L  N  D  N  N
R  B  Y  D  I  S  L  O  C  A  T  I  N  G  A
P  R  E  I  Z  T  I  R  J  D  E  T  T  O  C
Y  L  E  V  I  T  C  U  R  T  S  E  D  I  K
G  L  A  C  I  A  L  L  Y  R  A  C  C  E  P
P  E  G  C  I  S  N  E  R  O  F  P  K  X  P
```

ANNEXE	GRUMBLES	PECCARY
APPROVING	HARASS	PRETEEN
BLURRIER	IDENTIFIABLE	RITZIER
COTTED	JOYRIDES	SALTWATER
DESTRUCTIVELY	KEENS	SEREST
DISLOCATING	KNICKKNACK	SIERRA
FORENSIC	MODERATED	STOCKS
GLACIALLY	OBDURATING	

Assorted Words 76

```
H  G  S  A  T  H  E  I  S  M  S  P  V  N  I
P  P  N  D  S  P  M  I  P  L  P  R  X  E  M
H  M  C  I  G  T  P  R  Q  A  L  I  Z  G  P
E  Y  U  H  T  B  N  M  Z  N  A  G  I  L  R
H  L  P  T  O  E  W  E  T  C  S  G  C  I  E
I  S  B  O  S  F  N  N  M  E  H  I  O  G  C
T  Y  A  A  G  E  D  O  B  T  Y  S  N  I  I
C  S  M  T  I  L  N  F  Y  P  I  H  T  B  S
H  H  E  W  N  L  Y  I  Q  A  K  M  A  L  E
H  R  S  I  U  E  P  C  M  N  B  L  M  Y  L
I  I  S  G  T  D  C  G  E  R  P  J  I  O  Y
K  F  A  G  L  T  Q  A  X  M  A  F  N  F  C
I  T  G  I  M  C  I  I  L  D  I  C  A  S  P
N  R  E  E  M  U  H  R  D  P  J  C  N  B  M
G  Q  D  R  P  L  O  U  G  H  C  G  T  I  O
```

ATHEISM	HITCHHIKING	PLIABLE
BAYONETING	HYPOGLYCEMIC	PLOUGH
BODEGA	IMPRECISELY	PRIGGISH
CARMINES	LANCET	SHRIFT
COMMITMENTS	MESSAGED	SPLASHY
CONTAMINANT	NEGLIGIBLY	STUMP
FELLED	PIMPS	TWIGGIER
GRITTIEST	PLACENTAS	

Assorted Words 77

```
F E S S E N I T L I U G Y A U
Y R A C I V A Q E Z I L Y T S
S T N A I G G P U A J C O C H
P N S R E G N A D A E F P P E
E N E R G I Z E D A I M A I R
R U D B I C B Q F Q E N D M L
I U B O C H L A F S O D T P M
S C L W M S T N E I L A S R O
H D D L Z I H D E P L O R E D
I M L E B A C H O R N F A S E
N X M R N O B I I O J M S S R
G B X S F N Q E L U L X K I N
S E C I R F I T N E D B X N I
S E I D R A T B E H I N D G T
V M Z I K C A B S A V N A C Y
```

BEHIND	DEPLORED	QUAINT
BINNED	DOMICILE	SALIENTS
BLOODTHIRSTY	ENERGIZED	STYLIZE
BOWLERS	GIANTS	TARDIES
CANVASBACK	GUILTINESS	USHER
DANGERS	IMPRESSING	VICAR
DEADPAN	MODERNITY	
DENTIFRICES	PERISHING	

Assorted Words 78

```
D H E A D Q U A R T E R S L G
K S X I I N T I M I D A T E S
S A E S S X S D R A W N W O D
M U Y Y R S Y L X R S K Y W E
S A O L E E E Z A Y Q S D L H
E A E U G K I N X G N I R W Y
S L S R N N C D E N E F A E D
H T E H T E I U R L U R M G R
R E L C A S G V B A T I L E A
I M I Y T Y D N O S B T Y Z T
M P M H R R S I I R P M I U I
P E L A P P O P M S P E O L O
E S G N I C U D N I I P E B N
D T H T G O R I E S T D A W G
M A R C H I O N E S S E S U C
```

APPROVINGLY

BOMBARDIERS

BUCKEYES

DEAFENED

DEHYDRATION

DISINGENUOUS

DOWNWARD

ELECTRODES

GORIEST

HEADQUARTERS

INDUCING

INTIMIDATES

LITTLENESS

MARCHIONESSES

MIDSTREAM

POPPA

REGALS

SASHAYS

SHRIMPED

TEMPEST

WEEPS

WRING

Assorted Words 79

```
W  P  R  E  C  A  R  I  O  U  S  L  Y  Q  V
G  N  S  S  E  L  T  U  G  S  U  N  K  E  N
D  N  L  N  E  C  R  O  M  A  N  C  E  R  S
O  I  I  U  O  C  P  R  O  S  P  E  C  T  J
N  S  S  N  O  I  I  Y  E  T  O  M  O  R  P
O  Q  T  C  N  S  T  T  L  Y  S  B  N  U  M
M  G  E  B  R  A  T  A  S  N  V  T  W  D  Y
A  Y  N  T  T  I  C  F  L  I  M  M  R  K  V
T  P  S  I  S  C  M  S  I  O  R  E  Z  A  I
O  X  A  F  T  R  H  I  K  L  S  U  L  U  W
P  V  F  R  L  T  E  I  N  T  E  N  T  O  J
O  V  P  J  F  A  O  N  S  A  P  C  O  U  S
E  K  A  P  S  A  S  N  E  E  T  N  A  C  F
I  M  C  F  H  N  I  K  K  P  L  E  Y  F  D
C  F  C  S  T  A  R  T  S  H  O  S  S  Z  C
```

CANTEENS	KNOTTING	PROSPECT
CHISELS	LISTENS	SCANNING
CONSOLATIONS	NECROMANCERS	SOLEMNLY
DISCRIMINATES	ONOMATOPOEIC	SPAKE
FACELIFTS	OPENERS	STARTS
FLASK	PARFAIT	SUNKEN
FUTURISTIC	PRECARIOUSLY	WARTS
GUTLESS	PROMOTE	

Assorted Words 80

```
F  R  S  P  D  C  I  N  A  H  C  E  M  U  X
U  E  G  Q  S  E  T  A  N  I  M  I  L  E  S
C  O  N  N  E  D  C  S  S  E  N  I  Z  A  L
B  D  K  M  I  C  A  R  E  E  S  W  S  B  N
S  H  E  L  I  D  N  H  E  I  T  N  B  V  Y
A  D  O  L  U  M  A  E  I  S  L  T  A  T  E
I  W  N  U  B  V  P  N  L  J  C  G  I  S  E
R  M  E  U  S  M  D  E  O  U  I  E  N  N  D
O  G  P  S  O  E  E  I  C  N  P  K  N  I  G
T  V  N  R  T  R  W  S  O  C  N  R  W  D  K
D  H  U  I  I  R  G  O  S  R  A  A  O  B  I
R  J  W  L  P  S  U  P  R  A  E  B  C  C  B
N  W  N  A  A  A  O  C  M  K  S  T  L  H  E
P  I  H  C  R  T  E  N  K  A  X  I  S  E  O
Z  Y  Y  B  X  T  E  L  A  Q  C  U  D  A  X
```

ASTEROID
AWESTRUCK
CAMPGROUNDS
CANNONADING
CONNED
CORPULENCE
DECRESCENDI
DISASSEMBLED

ELIMINATES
HOUSEWORK
IMPECCABLE
IMPRISON
JIHADS
KINGLIEST
LAZINESS
LEAPING

MECHANIC
OVULATE
SETTING
THWART

Assorted Words 81

```
E D E R E V U E N A M T U O B
E F K E D G Y C N D A O L P U
H U N I F Y N D O H V F T A P
I C Q K P T E I T T G S D Q O
P A N O M S I E H T N A P U R
R U E U T O J B I C Q N A A T
H F N W A Z W U N E T Q E R E
E F E T C H I N G L Y U M T R
T D E Z I R O D O E D E H E I
O M I K B N A H C T A M E R N
R L F S D P G F T U N J I R G
I M R N S K C O T S R E V O Y
C Z N O I T E R C S I D I V T
A H A S H I N G H O U L S E K
L Y E D O R Y O J Z W K W S E
```

CRAFTS	JOYRODE	REMATCH
DEODORIZED	NOTHING	RHETORICAL
DISCRETION	OUTMANEUVERED	ROVES
FETCHINGLY	OVERSTOCKS	TOQUE
GHOULS	PANTHEISM	UNIFY
HASHING	PORTERING	UPLOAD
HAUNCH	PUNTING	
HUTCHING	QUARTER	

Assorted Words 82

```
Z Y N O I T A L L E T S N O C
R A A I N S S S D X K J E L O
V S V L J O E E E R E N X Z I
N L A S P T I G H N E S T Y H
L I S T E N S T U S I H U R F
P V S R G S W H C E U H S G W
R E A D E T R O P E D R C A F
A R L V O S S A D I S Y N A R
N I E Y L G R H H J I O C O M
K N D R O X S E Z T N I L B T
S G Z Y G D V Y I P A E U I Q
T C W V Y Q V I R N V C N K V
E S R E F N I E P E N V K I H
R S E L C I T R A P V A Y N U
W L S S E T A R G I M E P I Y
```

BIKINI	EVERY	PRANKSTER
BLINTZES	GEOLOGY	RASHER
CATHARSES	INFERS	SECTION
CLUNKY	LISTENS	SEGUED
CONSTELLATION	MACHINES	SLIVERING
DEPORTED	ONRUSHES	VASSALED
DOWNPLAY	PANNIERS	
EMIGRATES	PARTICLES	

Assorted Words 83

```
S H I M M I E D O Y H T I M S
D O G G E D I S C U S S I N G
D O A I X P K R O C N U K A G
D R E I F I S N E T N I T S B
S N O I T A R B I L A C J H L
E R U O E I C E M P N M W U O
E T E O P V L U N U D G O Y A
S S A D B I O Y R T N U O C M
S L K R I E E R L T E V X C I
R N O E E E S R P L A R H C E
A Z W W E C I U X E E I X U S
P J E A P R S T O H R U N E T
I O A W R O M I A H Q V R E Z
N D Z Y V P K N V M A N I C D
G F I X E B O E N E V I R H T
```

CALIBRATIONS	EIDERS	REEKS
COMATOSE	EVISCERATE	RENTER
COUNTRY	HOUSEBOUND	REPROVE
CRUELLY	INTENSIFIER	SHIMMIED
CURTAINED	LOAMIEST	SLOWPOKE
DISCUSSING	MANIC	SMITHY
DOGGED	PRAWNS	THRIVEN
DROOPIER	RAPING	UNCORK

Assorted Words 84

```
K O A A P O T H E O S I S K S
A E G N I H C T A H F T P X E
C I X N S R E T O O B E E R F
D O N O I T P E C X E Q Q E N
F B L V C T M A N T L E D X O
A S A L A H A M B U R G E R S
T C O C E R S E N K U U I P N
U U Q H U C I T R I V Q C E I
O R X R C G T A U T M E N E G
U I Q B M Y E I B O N B Z F H
S N Y H C W S C V L L E L G T
L G Q Z O P B P K I Y I P Y H
Y H T I L O N O M O S R A X A
I M B A L A N C E I S T J B W
Z Q E N E R V A T I O N S X K
```

APOTHEOSIS	GECKOS	NIMBLY
BAILOUTS	HAMBURGERS	OBSCURING
COLLECTIVISTS	HATCHING	PSYCHOS
ENERVATION	IMBALANCE	TRUCE
ENTREATING	INVARIABLY	
EXCEPTION	MANTLED	
FATUOUSLY	MONOLITH	
FREEBOOTERS	NIGHTHAWK	

Assorted Words 85

```
I  N  C  R  E  A  S  I  N  G  C  I  L  D  G
F  N  S  R  S  D  E  Y  A  P  N  F  K  V  I
V  R  O  E  B  D  E  C  I  T  N  E  M  B  N
K  S  A  I  H  C  A  L  C  U  L  A  T  E  E
H  G  A  Q  T  S  H  T  I  M  M  U  S  E  F
P  U  A  S  F  A  U  U  R  V  B  D  V  T  F
A  C  M  U  S  C  C  R  S  E  R  A  C  I
R  N  C  B  N  A  A  E  L  K  J  D  F  E  C
D  K  A  M  L  T  Y  N  F  U  S  B  E  W  I
O  X  Q  L  A  E  E  S  T  E  B  V  K  B  E
N  Q  Q  K  Y  R  S  D  N  E  D  W  H  P  N
I  C  A  T  A  T  O  N  I  C  E  E  X  X  C
N  C  M  I  S  E  I  K  N  U  J  N  I  J  Y
G  I  Y  Q  I  S  K  C  A  H  W  H  S  U  B
N  O  I  T  A  C  I  F  I  T  R  O  F  E  M
```

ANALYTIC	CATATONIC	INEFFICIENCY
ASSAYS	CHUCKS	JUNKIES
BEDEVILED	DEFECATION	PARDONING
BULRUSHES	ENTICED	PAYED
BUSHWHACKS	FORTIFICATION	SUMMIT
CALCULATE	GAUNTED	
CANTEENS	HUMBLES	
CARES	INCREASING	

Assorted Words 86

```
S  R  E  K  N  A  T  S  M  R  E  T  D  I  M
D  E  G  S  U  B  S  I  D  I  N  G  I  Z  C
T  I  G  I  U  D  E  T  C  I  V  E  Z  Q  O
O  M  S  A  H  B  A  C  K  L  O  G  S  Z  N
L  L  A  D  W  G  A  V  S  A  X  R  K  M  T
E  O  H  R  A  E  N  G  H  P  Z  P  D  E  U
R  V  T  X  R  I  N  I  N  O  J  Z  E  N  M
A  E  R  R  G  I  N  A  Y  I  O  L  E  A  A
B  M  Q  E  I  N  A  F  C  F  D  P  R  C  C
L  A  V  R  I  C  I  G  U  T  I  A  S  E  I
E  K  F  L  Q  S  K  L  E  L  M  R  F  H  O
L  I  K  E  N  E  S  S  Z  A  L  E  O  E  U
D  N  O  P  S  E  R  O  T  Z  B  Y  N  L  S
O  G  E  B  B  Q  K  U  L  E  U  L  N  T  G
G  N  I  N  O  S  A  E  R  G  R  N  E  K  I
```

ANDROIDS	GLORIFYING	NUZZLING
BACKLOGS	GLOSSIER	REASONING
CONTUMACIOUS	HOOPS	RESPOND
DEERS	LIKENESS	SUBSIDING
DISDAINFULLY	LOVEMAKING	TANKERS
ENACTMENT	MARRIAGEABLE	TOLERABLE
EVICTED	MENACE	TRICKSTER
FADING	MIDTERMS	WAGES

Assorted Words 87

```
D W S T O C K I N E S S P G P
N S S E N T U O V E D J T R H
C C C S T R A I T E N S V I G
Y O T I N E Q U I T I E S T R
E M E P X P X P B S K E E T K
B P F R E E B A S I N G M I K
M E D E Z I R A T I L I M E D
R T F G N I O O B J S M A R T
A I Z O X C E C N U O J F E L
C N X Y G N I M R A L A L N A
Q G A M I S P R I N T E D F C
U U E D N O I C I P S U S M I
E K G N I S S A P R U S V I N
T G U U R E I N V E N T I N G
S H Y D R O E L E C T R I C D
```

ALARMING	GRITTIER	SKEET
ANOREXICS	HYDROELECTRIC	STOCKINESS
BEFOGS	INEQUITIES	STRAITENS
BOOING	JOUNCE	SURPASSING
COMPETING	LACING	SUSPICION
DEMILITARIZED	MISPRINTED	TRAMS
DEVOUTNESS	RACQUETS	
FREEBASING	REINVENTING	

Assorted Words 88

```
O F O R M U L A T I N G V A T
J D B F A D E S O L C E R O F
G L B X D E T U B I R T S I D
U N S L I A T H S I F D Q O S
E B I F A C O A G U L A N T S
G L P Z X C U R Y O A W K Q P
E J B O I O K P B J T V A X R
U S P A W R V B E A T K H L N
N G T J B D O P I N E I T W O
O O G R X I E G N R D X U T Q
I M Q V A O R R E B D S S R E
S B S C A N S C Y T Z I J N F
Q G A P E S G C S D A T I V E
G N I H T I K E H A N C R F R
G N I R I M S E S S E R P X E
```

ACCORDIONS	ESTRANGES	KITHING
ASCRIBABLE	EXPRESSES	MIRING
BLACKBIRD	FISHTAILS	POWDERY
BROAD	FLATTED	SCANS
CATEGORIZING	FORECLOSED	UPENDS
COAGULANTS	FORMULATING	
DATIVE	FRUIT	
DISTRIBUTED	GAPES	

Assorted Words 89

```
S E A M A N S H I P M L F Z G
N I Y G N I Y A L R E V O V S
E M C Q E S W A S K C A H P T
G N I L L E N N A L F U M P O
J Y Q F R T C O G A A A Z P O
T O R P O R S S L A H C S A P
C O N T E N T O L C W E S O E
I P Z K S D J Z M E T T K I D
O T E J D I E L D R C O J C F
M W H H X K U C L E A N S E S
C R U S T I E S R E D E A S K
P P E P P E R Y A E S I R H D
S E R E N E L Y E C O T H G C
D D E T A N I D R O O C U U S
C N T N A L I B U J L B W O X
```

ACETONE	FISCALS	PEPPERY
CASUISTRY	FLANNELLING	REARMOST
CHANCELS	HACKSAWS	SEAMANSHIP
CLEANSES	HIDED	SERENELY
COERCED	JUBILANT	STOOPED
CONTENT	OUTSELL	TORPOR
COORDINATED	OVERLAYING	
CRUSTIES	PASCHAL	

Assorted Words 90

```
I  Y  H  B  H  A  M  B  U  R  G  E  R  S  I
S  E  T  A  R  D  Y  H  O  W  P  X  T  R  N
J  X  W  M  P  V  S  K  C  Y  U  T  O  E  A
N  S  L  E  E  P  I  L  Y  R  T  R  U  N  C
C  O  N  F  E  D  E  R  A  C  Y  O  R  T  C
A  W  L  H  U  G  E  L  Y  A  Q  V  N  R  E
T  C  O  F  F  I  N  S  L  T  V  E  E  E  S
K  F  S  H  T  R  A  E  H  A  B  R  Y  A  S
S  E  I  B  A  B  B  U  K  L  T  S  B  T  I
W  N  U  R  U  B  H  Z  S  O  Z  I  O  E  B
K  G  X  T  D  L  U  C  T  G  N  O  O  D  L
B  I  S  H  T  A  R  W  S  E  T  N  S  N  E
V  N  Y  K  M  M  F  I  E  D  L  H  T  Z  S
L  E  S  T  N  E  I  R  O  S  I  D  E  Q  E
N  S  Q  H  J  R  W  M  S  D  A  Y  R  D  R
```

ADRIFT	DISORIENTS	HYDRATES
APPELLATIONS	DRYADS	INACCESSIBLE
BABIES	ENGINES	SLEEPILY
BLAMER	ENTREATED	TOURNEY
BOOSTER	EXTROVERSION	WRATHS
CATALOGED	HAMBURGERS	
COFFINS	HEARTHS	
CONFEDERACY	HUGELY	

Assorted Words 91

```
E K E X T I N G U I S H E S X
Q S T T X F M W G U B M U H W
S D P N I I R E V E R S E D F
B S D R A C Q U I R I N G B U
P U E E E R L I R Z T C N I R
A T D R C S E A S R T N U R L
N U L G U I S T C I L C M A O
G M Q A E T O O L V E O B S U
I B F D O R C V S U Q L E C G
N R W U X H I E N D D L R I H
G I F U N J S G L I S A L B I
H L K V A G P M A R C T E L N
P U I R K M A Y W R H E S E G
N F R I E N D L I E S T S I C
H H T J I J G F S W K Q J Y K
```

ACQUIRING	EXTINGUISHES	LECTURES
ADULTERANT	FRIENDLIEST	NUMBERLESS
BRITTLE	FUNGALS	PANGING
BUDGERIGARS	FURLOUGHING	REVERSED
CALCITE	HUMBUG	SHOAL
COLLATE	INVOICED	TUMBRIL
CRAMP	IRASCIBLE	
ESPRESSOS	JERKIN	

Assorted Words 92

```
N H D R S B B R N H M U M H R
V S S Q Y T I C K E R T E N E
E I R E G G N H L K A F A S F
Y L M E I J E E R E D J S O I
Y R B T T C K G U R A I L P N
P R E A K I N U G L L N E P E
H E E P I G R A M S F D S I M
R D L T L V U W N Q P E G E E
A E E C N E S L G G U M C S N
S S C K A E T Y N N I A A T T
E B T O C T E I O D O L T L J
D I O N N U N R N B A S A S C
V Z R P I V D E E G W E B M A
D K S F P H H L T F R O M W V
T B N R D E T E R R E N C E L
```

CLAMPS	JEERED	REPLETING
COWBOYS	KUMQUATS	SONGWRITERS
DETERRENCE	LEANS	SOPPIEST
DUCKED	MALIGNANCIES	TENTACLE
ELECTORS	MEASLES	TICKER
EPIGRAMS	PHRASE	VIABLE
FLUENTS	REENTER	
HINTS	REFINEMENT	

Assorted Words 93

```
M  W  Y  K  S  G  O  D  P  E  E  H  S  A  R
H  G  S  V  D  E  E  D  S  T  R  E  A  K  S
W  L  U  R  H  A  N  D  G  U  N  Q  V  S  T
C  V  G  S  E  J  Q  I  N  T  Q  M  R  L  A
L  N  D  G  H  V  U  P  L  L  I  T  S  N  I
S  A  G  H  M  I  I  C  R  E  S  W  Q  Y  R
C  H  E  E  S  I  E  R  R  O  T  I  Y  Q  W
U  P  K  P  P  B  X  S  D  F  G  A  L  U  A
F  J  T  E  P  M  U  R  T  P  A  U  D  W  Y
F  U  Y  Z  T  A  N  N  O  U  N  C  E  R  S
L  M  A  N  G  L  E  E  O  X  X  O  T  S  U
E  P  W  M  I  S  Q  U  O  T  A  T  I  O  N
L  Y  L  E  T  I  S  I  U  Q  X  E  F  C  R
L  Z  D  E  T  A  R  E  P  S  A  X  E  Q  S
F  E  R  O  C  I  O  U  S  N  E  S  S  R  H
```

ANNOUNCERS	FACTOR	ROGUES
APPEAL	FEROCIOUSNESS	SCUFFLE
CHEESIER	GUSHIEST	SHEEPDOGS
DATELINES	HANDGUN	STAIRWAYS
DEEDS	INSTILL	STREAK
DRIVERS	JUMPY	TRUMPET
EXASPERATED	MANGLE	
EXQUISITELY	MISQUOTATION	

Assorted Words 94

```
Q I S G S N O I T A L U D O M
R N B I N S E C T I V O R E S
G S D G Y I S R A T I S V P C
F N S E N L W D E S T I N E T
E L I K I I L O E I B F R N O
L G G N C F B A T B L H V I V
S I G L O O I B I S R F S T E
A N N B A S D D I N E A W E R
G U E R M N I D O F N B B N L
B U R E A U C R A C I E S T A
K S L C R Z Y E P H X W I S P
S Q E U M G I F D M O A Y B P
G N I R I W E R I M I R I C I
Q K B U S I N E S S M E N Z N
J C E R O P M E T X E R N E G
```

BARBED	EXTEMPORE	INSECTIVORES
BESTOWING	FIBBING	MODULATIONS
BEWARE	FLIER	OVERLAPPING
BIENNIALLY	GENRE	PENITENTS
BUREAUCRACIES	GLANCED	RECUR
BUSINESSMEN	GREENS	REWIRING
CODIFIED	HADDOCKS	SITARS
DESTINE	IMPRISONING	

Assorted Words 95

```
A P P R O B A T I O N S M R W
P N C O M P U T E R S R O E E
O C I I Y Q S D T B D W L C M
P L C M A R S T R U Y F D R U
L V N M A O A J C E N I I I S
E M Z S K T F H A E A E E M K
X E X I S T E N C E S S I R
I A L F H G R D E S T I T N A
E N O P A S N E I I I G B A T
S S A N D E E I E T C H U T S
M M D N O T E C S H U T L I V
N J A T F E Z E I W K E L N B
Q W B W M S L R B L O D I G Z
P Y L E L I T S O H S D E F S
N S E O G N I R U T N E D N I
```

ANIMATED
APOPLEXIES
APPROBATIONS
ATTUNES
BISECTS
BULLIED
CHARY
COMPUTERS

DEICERS
DOWSING
DYNASTIC
EXISTENCE
HOSTILELY
INDENTURING
LOADABLE
MEANS

MOLDIEST
MUSKRATS
NOELS
RECRIMINATING
SIGHTED
SLICES

Assorted Words 96

```
R  D  H  M  G  D  I  B  D  S  I  N  N  E  D
Y  Z  E  Y  A  W  E  N  I  M  A  T  I  V  M
G  L  J  V  S  D  O  M  T  Q  A  R  S  T  A
E  E  G  C  I  T  A  B  O  R  C  A  O  Y  I
C  A  R  N  Z  T  O  C  P  R  I  B  G  O  N
C  G  G  E  I  Z  A  G  A  T  G  C  N  J  S
E  T  N  N  D  T  A  L  I  M  X  O  A  N  T
N  A  T  I  I  N  E  V  U  B  U  K  P  T  R
T  X  S  E  M  Y  U  E  G  M  G  I  T  B  E
R  O  C  F  G  O  R  O  L  D  U  W  Z  D  A
I  N  A  F  T  E  R  E  F  F  E  C  T  U  M
C  O  M  E  C  H  X  A  M  O  C  T  C  O  E
I  M  P  C  H  C  P  F  C  E  R  B  A  A  D
T  I  S  T  P  L  U  C  K  J  K  P  L  O  R
Y  C  V  S  P  M  E  G  A  B  Y  T  E  S  C
```

ACCUMULATIVE	EMERYING	PROFOUNDER
ACROBATIC	FLEETINGLY	SCAMPS
AFTEREFFECT	INTRICATE	SINNED
BIGOTS	MACADAM	TAXONOMIC
CAROMING	MAINSTREAMED	VITAMIN
COATED	MEGABYTES	
ECCENTRICITY	PLUCK	
EFFECTS	POGROMED	

Assorted Words 97

```
R  V  H  P  A  V  I  D  E  R  F  Z  T  I  U
E  C  E  N  P  R  E  P  A  I  D  G  D  U  N
S  F  K  W  O  O  E  G  N  I  V  A  T  S  S
O  F  A  H  S  S  Z  I  S  Z  U  R  W  E  P
N  K  N  D  O  T  H  C  H  A  P  T  I  L  I
A  B  L  E  A  C  H  E  R  S  G  E  E  A  T
N  H  A  P  R  C  Q  Y  S  F  U  R  L  S  T
C  S  T  N  E  N  I  T  N  O  C  B  D  T  E
E  R  S  E  S  I  H  C  N  A  R  F  S  I  D
K  Q  U  Y  S  E  L  O  H  L  L  E  H  C  V
Q  U  A  D  R  E  N  N  I  A  L  T  V  I  B
D  B  J  N  D  P  E  S  T  I  L  E  N  T  H
O  F  O  B  B  I  N  G  D  R  L  R  C  Y  A
Y  L  E  U  Q  S  E  T  O  R  G  J  P  R  X
W  E  G  N  I  Y  A  R  R  U  H  Y  L  L  Z
```

AVIDER	ELASTICITY	PREPAID
BLEACHERS	FOBBING	QUADRENNIAL
BUSHIER	GARTER	RESONANCE
CHAPT	GROTESQUELY	SPITTED
CICADA	HELLHOLES	STAVING
CONTINENTS	HURRAYING	WIELDS
CRUDDIER	NOSHES	
DISFRANCHISES	PESTILENT	

Assorted Words 98

```
N  S  L  A  D  T  K  E  N  N  E  L  L  E  D
P  S  S  E  T  A  N  E  H  P  Y  H  X  P  B
E  E  G  L  O  W  I  N  G  L  Y  O  R  L  Q
R  Z  G  J  B  C  R  Y  B  R  A  E  N  U  T
S  R  E  S  L  A  F  E  F  Q  Q  Y  I  T  M
U  S  G  A  T  P  P  Z  T  G  I  E  S  O  I
A  H  R  N  S  L  S  T  V  T  H  N  D  C  C
S  D  E  O  I  E  E  J  I  P  O  T  O  R  R
I  L  E  R  T  T  L  M  O  S  Z  H  W  A  O
V  J  I  N  E  S  F  B  S  A  M  R  N  T  M
E  I  N  A  I  T  E  E  I  G  Y  A  P  X  E
L  L  F  P  N  H  I  T  L  C  I  L  L  M  T
Y  P  I  U  U  B  C  C  O  C  U  L  A  L  E
O  G  W  Q  I  F  O  A  A  R  P  R  Y  S  R
S  K  I  L  L  E  T  H  M  L  P  B  C  A  J
```

BAPTISMAL	HERETICAL	PERSUASIVELY
CAPLETS	HOBNAILS	PLUTOCRAT
CLEFTING	HOTTER	PROTESTORS
CRUCIBLES	HYPHENATES	SKILLET
DOWNPLAY	KENNELLED	SMELT
ENTHRALL	MACHINED	
FALSER	MICROMETER	
GLOWINGLY	NEARBY	

Assorted Words 99

```
C O D I S C E R N I B L E G M
N N G B X D D S O Y W J U Z I
J X L R F W E E G O M U M K N
D E T U O H S L N D T G Y C D
L R S G C R Y O G E N I C S I
D E D N U T O R P G E D N R S
N O S I A I L R V X O K B G P
Y C N E T S I S N O C G H Q U
S S N E G Y X O D E H C U O T
H I M Q U A N T I F I E D R A
U P D P F K T G N I S S A G B
C P A S U G N I R E H S O K L
K I G S E T A I R B E N I X Y
E N U E C N E I R E P X E N I
D G N I T L E P J K H N D P J
```

CONSISTENCY
CRYOGENICS
DISCERNIBLE
GASSING
GOGGLED
HERITAGES
INDISPUTABLY
INEBRIATES

INEXPERIENCE
KEENED
KOSHERING
LIAISON
OXYGEN
PELTING
QUANTIFIED
ROOTING

ROTUNDED
SHOUTED
SHUCKED
SIPPING
TOUCHED

Assorted Words 100

P R S T V R P Y T I N U M M I
N P M J S D E R B N I D T G A
W H Z E Z I N R E T A R F U F
S T F A R D S U F F U S I O N
N Y M F R E E L O A D E D Q M
I Y L E T A R U D B O V G B I
G P J P M D M R P M G Z R Z N
H H O O W B U Y E Y Q O V T I
T D C B U S E D A F H I F Q S
C S T N I O P R E T N U O C T
A D N D U F C E S S P O O L E
P Z N P T R U C K I N G C G R
S Y G N I H C A O R C N E O I
O I R Q B M O C Y E N O H W A
Q L A T A M O H P M Y L B T L

CESSPOOL

CONFERRER

COUNTERPOINTS

CRUNCH

DRAFTS

ENCROACHING

FADES

FOGBOUND

FRATERNIZE

FREELOADED

HONEYCOMB

IMMUNITY

INBREDS

LYMPHOMATA

MEMBER

MINISTERIAL

NIGHTCAPS

OBDURATELY

SUFFUSION

TRUCKING

Solutions:

Puzzle # 1
ASSORTED WORDS 1

Puzzle # 2
ASSORTED WORDS 2

Puzzle # 3
ASSORTED WORDS 3

Puzzle # 4
ASSORTED WORDS 4

Puzzle # 5
ASSORTED WORDS 5

```
B M I . G N I Z I C A R T S O
U A N . C R O S S O V E R .
C Y D R . M S I N A T A S
K P I A . . S C . . . P
W O S D S D O O H E S L A F O
H L P I . A . . P R . . L
E E E O . F R . O T . G . W I
A . N E . I . B . U . N O T
T . S D . R . . A A T . O I
. A C R E D I B L E C . L C
. B . M . . L E . R L A
. L . A . . Y . D . Y L
. Y D E N U R P . . N . L
. I N D I V I D U A L L Y A Y
. S O Y R B M E . . . . C
```

Puzzle # 6
ASSORTED WORDS 6

```
. C O N G R E G A T E S .
. . . E C U L T I V A T O R
. S N O I T A R C E S N O C
. . . D N U O B T S A E B
N O V E L T Y D . . . R R
. S E X A M I L C I T N A E F
B I R T H P L A C E . C M F I
. L E C H E R . H . N L B A N
D . E N L I S T I N G A L S G
. A . . D H I P P E R S E H E
. O . . O . M . . S . I R
. L . W . U . . E . O I
. S S E N E S N E D S . N N
S E S S U R T . K . . . G
P R E P A R E D S V A T T E D
```

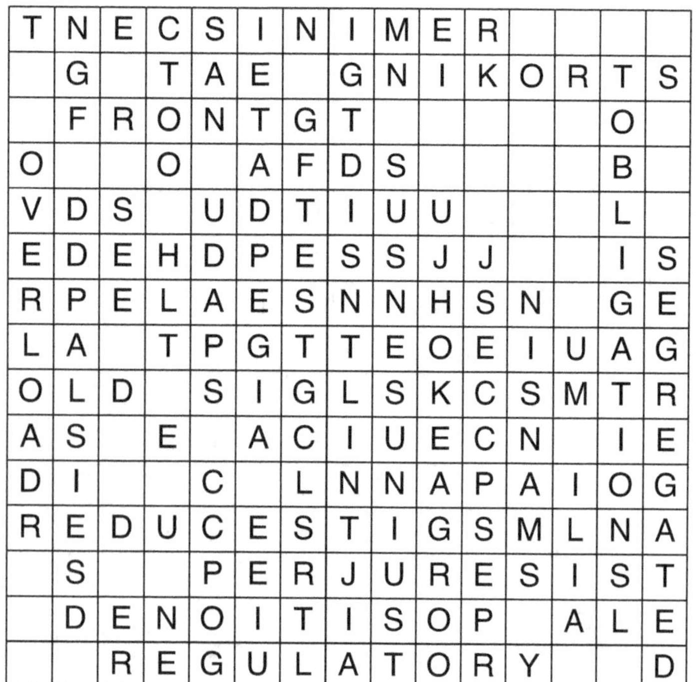

Puzzle # 7
ASSORTED WORDS 7

```
T N E C S I N I M E R .
. G . T A E . G N I K O R T S
. F R O N T G T . . . O
O . O . A F D S . . . B
V D S . U D T I U U . . L
E D E H D P E S S J J . I S
R P E L A E S N N H S N . G E
L A . T P G T T E O E I U A G
O L D . S I G L S K C S M T R
A S . E . A C I U E C N . I E
D I . C . L N N A P A I O G
R E D U C E S T I G S M L N A
. S . P E R J U R E S I S T
. D E N O I T I S O P . A L E
. R E G U L A T O R Y . D
```

Puzzle # 8
ASSORTED WORDS 8

```
. W C . R A I L R O A D S R
. R O . . O S E H S U R T E
. I M T R A V E R S E S E A
. E B . E . D E . . I . R W
. R I . . T B E R . N . E A
. N . . . A . W H C . O K
F L E C K . D R . O U . S E
. D . . L . O . L N . N
Y L L U F E C A E P B P L G S
O R A C L I N G H P A R E S
I N V E S T E D . . T L . M
. G N I M O S N A R E . E
S A L A R Y K E E P S A K E
Q U E S T I O N N A I R E
S N O I T I D N O C E R P
```

Puzzle # 9
ASSORTED WORDS 9

```
G I N C E S T D E Y E S O M
L N     O N   Y L L A N G I S
U I     O O P A Y L O A D S
N E T   P I G N I R A O S
C D L T   E S C A L I N G
H R E B B U L B R S T F A R G
E E N A B E   A E
O Z O H N T R
N O I S I I P
E D O T A E V E
T D E B C W N E D
T U R M U L A T T O S
E X N O L H T A I B L
S E S A E L B U S N I X O T Y
  H Y D R O T H E R A P Y
```

Puzzle # 10
ASSORTED WORDS 10

```
S T E A L E G I T I M I Z E S
    C P U Z Z L E M E N T
    B A R O N       T H
  B   T V E R B A L L Y A O
U U S E C I D N I     N L
N T P H O T O G E N I C G O
D T L W Y L G N I R A L G
E E U O G N I V L O S E R
R R J R E M A R K   M A
P F E D I W I N D E D E P
I L C D B U S H M A N H
N Y E L I T I S M   T I
N I R E H A S H E D   C
E N Y L B A R T E N E P M I
D G N I T A V I T C A
```

Puzzle # 11
ASSORTED WORDS 11

```
  S L A M I X A M
L S   C S K R A L W O D A E M
S O E   A G E E T N E S B A B
S G D C N I N S T N E C   R
  G N G E A S I     I   O
S G N I E I M E R   O   W
  L N I R R P S N E   P   B
N G A I D T S R E M T   P E
E   N M L L S   E N A S   A
U     I I D E T A T I G O C T
T       L N R G R   N L   F I
E       I A U   A   E   N
R E I D A E T S C   E   C   G
S   E R U T A E F   H
    D E M A G O G U E R Y
```

Puzzle # 12
ASSORTED WORDS 12

```
    C   G D     R E I K N A L
H     I S A E U C   N
E Y A   T E W T M H   I
R A L U G A U K A P U   H   M
E   R B T N M G S L E T C S O
A   A T U O I O I H U D E   U
F     N H O M D I T A C L S L
T     A I D A A X A K L   T
E   C O R T E X T V A F I A
R       O S   I E   N L C
S G N I R A P M T   C   G   Y
S U O R T X E D I B M A
    S E N I M S A J L
  M O P P I N G     T   L
      G N I T A L L O C Y
```

Puzzle # 13
ASSORTED WORDS 13

```
. . . E X A C T N E S S . . .
S E G E I S . . H . . . . . H
. A U T H O R I Z A T I O N O
. G R E H T O B . P . . . . R
F O U N D E R S . . . P . . S
L M . S I D . . L E A V E S E
E E E S N L A D E G N I T D R
. X V R N A E Y . . . . . . A
L R T E C O M E D O W N S . D
. I E R H H R U H R . . . . I
. . K L U S A E H W E . . . S
. . . I L D I N H . T A . . H
. . . N U E D T . . R M . . E
. . . . G P D . . . . A . . S
. . S L L E H S E L K C O C .
```

Puzzle # 14
ASSORTED WORDS 14

```
. . . . E M B E Z Z L E R S S
L A I R E G A N A M . . H . .
. R . R G N I Y E S O M Y . .
D A R E D E V I L . . R D . I
I E S N P I K . L . . E R . M
N G N I P S W . S . . V O . P
T O . G I G O T A . O . E P L
E I . O A R R I H . G N O . A
R . T . L W I D L . U N U . .
D . . N . F S V S L . E I . S
I . C R E A S E D E E S C . I
C . C A N T A T A S V R . . B
T . T S E I K S I R F . A . L
E U R A N I U M B . . . E . Y
D I R R A T I O N A L I T Y .
```

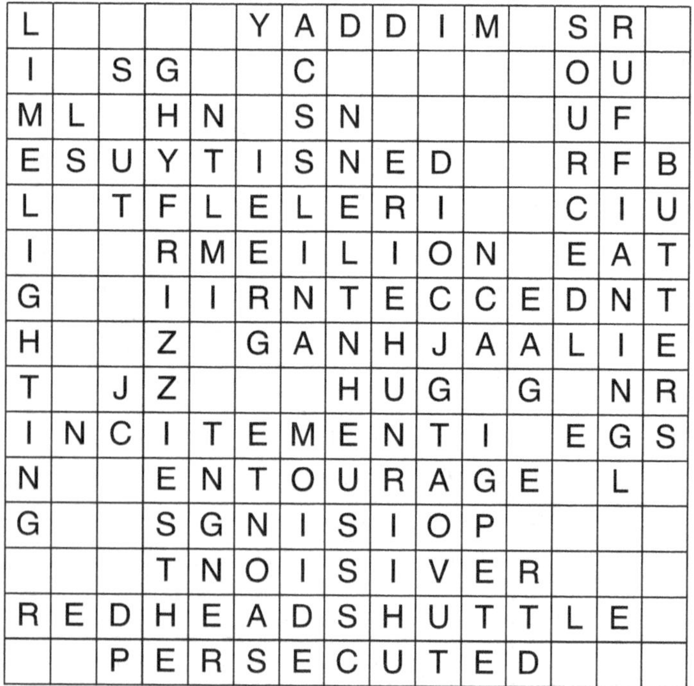

Puzzle # 15
ASSORTED WORDS 15

```
. L . . . . Y A D D I M . S R .
. I . S G . . C . . . . . O U .
M L . H N . S N . . . . . U F .
E S U Y T I S N E D . . . R F B
L . T F L E L E R I . . . C I U
I . . R M E I L I O N . . E A T
G . . I I R N T E C C E D N T .
H . . Z . G A N H J A A L I E .
T . J Z . . H U G . . G . N R .
I N C I T E M E N T I . E G S .
N . . E N T O U R A G E . L . .
G . . S G N I S I O P . . . . .
. . . T N O I S I V E R . . . .
R E D H E A D S H U T T L E .
. . P E R S E C U T E D . . .
```

Puzzle # 16
ASSORTED WORDS 16

```
. . H I G H B R O W . S . E P
. . S E I C N E R R U C N O .
C E S I U M . . . . R O T T .
N . S E C L U D E D . G N E T
E P . N T . . E . . I F R E .
G L . O A . . S . N L P R . .
O E B . . I U B . E G I R I .
T A S A . L T U . R C I N . .
I S . T R S . L N R . T S G .
A I I A I R F I E L D S E . .
T N T T M E . Z C A . . D . .
I G . E I D P . A C P . . . .
N S . D O A M G A . . . . . .
G O V E R T U R N S A . . . .
. . G N I B I R C S N I . . .
```

Puzzle # 17
ASSORTED WORDS 17

Puzzle # 18
ASSORTED WORDS 18

Puzzle # 19
ASSORTED WORDS 19

Puzzle # 20
ASSORTED WORDS 20

Puzzle # 21
ASSORTED WORDS 21

M	I	L	K	I	E	S	T	C	O	M	D		C		
	G			Y	R	A	V	O	A	O	I			O	G
S	R	E	N	W	O	D		M	T	I	S			M	E
S	E	V	E	I	L	E	B	M	M	E	F			P	N
M	M	N	I		W			O	E	T	R	C	A	E	
A	B	E	I	N		O		N	A	I	A	O	S	R	
D	A		N	M	T		R	E	L	E	N	U	S	A	
H	R	A	T	R	A	E		R		S	C	N	I	L	
O	R	Y	S	A	A	T	R	S	O		H	T	O	I	
U	A	E	L	Y	T	P	E	N		B	I	E	N	Z	
S	S		I	T	L	I	T	H	E		S	R	A	I	
E	S			N	R	U	B	U	P	E	E	S	T	N	
S	E			A	U	M	A	R	M	S	I	E	G		
	D				Z	O	S	H	E	A	G				
		C	O	N	F	I	S	C	A	T	I	N	G		

Puzzle # 22
ASSORTED WORDS 22

		F	L	A	G	E	L	L	U	M					
B	O	O	T	B	L	A	C	K	S						
G			S	V	I	D	E	O	E	D				M	
S	N		C	O	P	Y	C	A	T	T	I	N	G	A	
N	E	I		R	D	S					M	R	T		
A		R	B	S	U	A	E				E	A	R		
P		F	O	M	E	P	C	A			S	V	I		
P	D		F	T	O	T	S	O	M		H	E	C		
I	R	E	M	O	S	C	A	K	V	I		E	S	U	
E		E	S	A	T	G	Y	V	R	A	E	D	T	L	
S			B	S	L	S	U	R	I	A		R	O	A	
T			B	U	A	A	R	R	T	L			N	T	
			U	O	I	C	D	U	C			E	I		
Q	U	E	N	C	H	R	M	S			C	A		N	
	D	E	R	I	U	Q	N	E						G	

Puzzle # 23
ASSORTED WORDS 23

S		G	N	I	H	S	I	R	U	O	L	F			
	T	G	N	D	A	I	N	T	I	E	R				
H		N	N	I		S	E	K	O	M	S	B			
Y	S		E	I	L	G	T				R				
P	L	T		M	Y	I	L	R				I			
H	U	D	E		D	V	A	I	A	H	E	L	P	S	
E	C	D	I	C	A	N	V	T	S	K		L		O	
N	K		U	R	N	S	A	I	R	T	H	I		L	
E	Y	S		E	O	A	S	M	D	U	E	A		I	
D		O		T	L	L	E	M		C	N	N	G		
		R		H	S	F		T	O		T	S	A		
		B	B	L	E	E	P		S	C	L		R		
		E	Z	I	R	O	G	E	T	A	C	Y		C	
		T		I	N	T	U	I	T	I	O	N		H	
O	C	C	L	U	S	I	O	N	S					S	

Puzzle # 24
ASSORTED WORDS 24

	B	L	A	T	I	B	R	A	B	O	N	E	H	P
	I	B		S	R	E	S	I	H	C	N	A	R	F
	T	U			P	I	L	L	O	R	I	E	S	
	T	N	E	S	R	A	O	C		N				
	E	T	A	P	R	A	G	M	A	T	I	S	T	
G	R	S		L	H	A	M	S	T	R	I	N	G	S
N	D	E	T	L	U	P	A	T	A	C		W	R	
N	S	I		S		E			V		R	E		
A	K	G		S		P	E		E		I	F		
	S	S	A		E		P	T	N		G	U		
	S	A	A	R		N	P	A	E	A	N	G	S	
	M	L	C	O		E		S	H		L	I		
	O	I		F		M			T	Y	N			
	O	Z	M	A	D	A	M		S	G				
P	U	R	E	B	R	E	D	S		L		E		

Puzzle # 25
ASSORTED WORDS 25

	U				S	A	D	E	L	L	E	H	S	
	N		E	G		N	I							
	R	S		L	N	Y	E	N	D					
	E		N		B	I	A	E	A	E				
	P			O		A	T	J	T	M	P			
	E				I		C	P	N	F	O	M		
S	A	S	G	K	L	R		I	U	I	I	R	I	
M	T	S	R	N	E	A	A	M	L	R	P	F	Y	P
O	A	S	K	E	I	Y	I	L	A	P	K	O		P
U	B	S	I	C	K	D	S	R	C	G	P	N	P	
L	L		T	T	A	O	A	T	E		L	A	A	
D	E			O	F	J	M	F	O	T		A	N	B
E	C	O	B	B	L	E	R	S		N	R		M	I
R					F	L	A	I	M	E	A	N	A	
				E	C	I	T	C	A	R	P			

Puzzle # 26
ASSORTED WORDS 26

R		L	I	E	U	T	E	N	A	N	C	Y		
R	E	K	I	N	O	M	I	S	C	R	E	A	N	T
		D				D	E	D	E	P	M	A	T	S
			N	E	V	I	S	S	E	R	P	E	D	
	F		E						D					
		E		M	N	O	N	V	E	R	B	A	L	
			S	G	N	I	T	A	O	C	E			S
A	I	L	A	T	I	N	E	G		A		H	C	
D	E	T	A	U	D	A	R	G			H			O
		C		A	L						O			O
		A			C					O			T	
		P	S	T	A	R	T	E	D	T			E	
		E			T	H	G	U	O	S	E	B	R	
		S	A	N	N	A	D	N	A	B				S
S	C	H	L	E	P	P	D	A	N	K	L	Y		

Puzzle # 27
ASSORTED WORDS 27

		N	O	I	T	S	E	G	I	D	N	I	
S	R	E	M	A	E	R	D	Y	A	D		C	
C	P		S		L					L	O		F
O		L	B	E	D	E	V	I	L	L	I	N	G	O
P	I	A	S	S	F	R			M	T	S	R	
I	Y		N	Y	E	U	E	T		B	R	L	M
N		F	S	D	G	X	P	L	S		O	I	I	E
G		E	P	U	O	Y	R	T		E	V	P	D
			R	O	C	E	P	O	I	D	I	P
			I	A	O	T	R		C	N	N	E
			Z		R	P	E	S	I	U	G	D
C	A	L	L	E	H	S			D			
			D		S	T	S	I	M	A	G	I	B
		S	N	O	I	T	A	G	E	L	E	D
			P	E	R	I	P	H	E	R	I	E	S

Puzzle # 28
ASSORTED WORDS 28

					T	N	E	M	R	E	T	N	I
			L	A	U	T	C	E	L	L	E	T	N	I
		N			H	A	R	D	L	I	N	E	R	S
G	O	D	M	O	T	H	E	R					
I	M		S			E	S	U	B	A	G	A	V	E
N	I			E	B	U	R	G	L	A	R	I	Z	E
F	N	D	N	E	T	X	E	T	O	K	I	N	G
I	A				A			C					
E	L					L		K					
L	G	N	I	B	B	O	M	U	S	L	A	C	E	D
D	N	I	L	B	R	O	L	O	C				
					G	N	I	S	S	E	R	T	T	U	B
				D	E	L	U	D	I	N	G		
	C	H	A	T	T	E	R	E	R			C	
	S	A	C	I	N	O	M	R	A	H			

Puzzle # 29
ASSORTED WORDS 29

    O U T E R S P I K I E R
      H E A R T B U R N
  R M   G R A P H I C S
  I D E R E D N U O F   P   H
  S N E I O Y P A   A   A E O
  T   C T P F L A C   L   R M W
  A   O R M O B G O   I S P O
  M P Z   R O U R M A L   E L F
  P E I S   P P R O U N Y C O F
  E R R   D   O M G L R   T Y S
  D M C   N   R I   H C   E
  I U O   D E T A R U C   S
  N T N   T S T R E P
  G E S   P L U N G E R
  S H O W I N E S S I   S

Puzzle # 30
ASSORTED WORDS 30

                I N D O R S I N G
  M D   H Y L E V I S L U P M I
  E S E   I L E C U T T E L
  R P A L   P S Y L E T U N I M
  I O C N L   P U S N G I S E R
  T P   L I E B O O   H
  O U   I R R D P E   E
  R L N   N A R E O T   L
  I A O   G M A I T U L
  O R N H   D G I   U D A A
  U L T   P   E   E   Q O M E
  S Y O   A D O   R   O U B
      X C H A R W O M A N   L S
    N I C K I N G   B   B
      C Y L D E D A E H D R A H

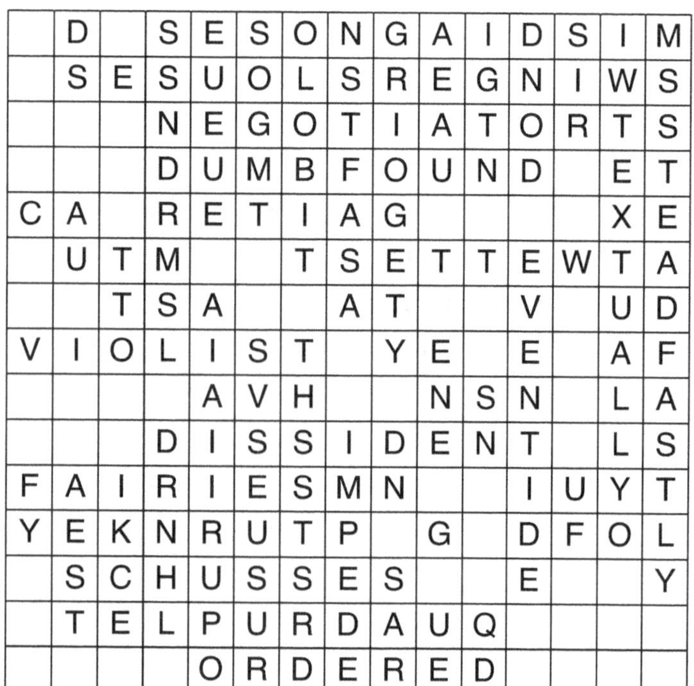

Puzzle # 31
ASSORTED WORDS 31

    D   S E S O N G A I D S I M
  S E S E S U O L S R E G N I W S
        N E G O T I A T O R T S
        D U M B F O U N D   E T
  C A   R E T I A G   X E
    U T M   T S E T T E W T A
      T S A   A T   V   U D
  V I O L I S T   Y E   E   A F
        A V H   N S N   L A
        D I S S I D E N T   L S
  F A I R I E S M N   I U Y T
  Y E K N R U T P   G   D F O L
    S C H U S S E S   E   Y
      T E L P U R D A U Q
        O R D E R E D

Puzzle # 32
ASSORTED WORDS 32

  L I V E A B L E C T R Y S T S
      D E R O V A F S I D
      C   M O O N L I T   I
      A   G N I K C U M N
  L U F S P U C P O M M E L S C
  P R   C G   N A C E P   O
  H E   A N N E X A T I O N M M
  O H S D   I   D   O P
  N I A E H   M E   O A
  I R M S G O   M G   R T
  C E B   A M   U O   L I
  S D A   G E   R N   A B
  D E R O S N O P S O C D A N L
  Y L L A C I T S I T O G E D Y
    T S E I P M U R G   S

Puzzle # 33
ASSORTED WORDS 33

G	L	A	Z	E	S	E	G	A	R	A	P	S	I	D
		Y		Y	L	L	I	D						
			D	P	E	R	F	I	D	I	O	U	S	
				O		S	H	T	H	G	I	E		
P					B	S	H	A	L	L	O	T	S	
H						M	E	L	A	N	I	N		
O	G	N	I	T	A	G	E	R	G	E	S	E	D	N
N						J	A	Y	W	A	L	K	S	U
O		N	C	A	R	B	U	N	C	L	E	S		D
G	Y	R	O	S	C	O	P	E	S	O	R	T	N	I
R		S	A	L	L	E	V	O	N					S
A			D	A	E	R	P	S	T	U	O			M
P	S	E	O	T	A	M	O	T	E	L	G	G	I	W
H		C	O	C	K	S	C	O	M	B				
S				Y	T	I	L	I	B	A	R	U	D	

Puzzle # 34
ASSORTED WORDS 34

			P			S	E	C	A	L	U	P	O	P
N	H			A		P	E	R	S	O	N	A	G	E
E	I			E	C			T						I
T	T	Y		X			I			A			M	N
W	C	S	T	T				F			U		I	T
O	H	C	C	R	O	P	P	I	N	G	Q		S	E
R	H	R	O	E	I				E			E	M	R
K	I	U	N	M		D				S			A	R
S	K	B	G	E	M	I	M	P	L	I	C	A	T	E
A	E	B	R	S	D	E	P	O	S	I	N	G	C	L
L	D	E	U	C	O	N	N	O	T	I	N	G	H	A
A			R	E				C					E	T
M			S	N	S	P	U	N	K	E	D		D	I
I			S	T	R	O	P	P	A	R	D			O
S					A	M	B	I	T	I	O	U	S	N

Puzzle # 35
ASSORTED WORDS 35

		E	V	I	S	S	I	M	R	E	P			
S					E	S	R	A	P					
S	T			G	N	I	T	A	I	D	U	P	E	R
	T	E		C	G		N	S	B	E	M	U	S	E
Y	S	O	K	O	C	N		I	U					N
	T		P	N	R	G	I	E	K	R				A
S	E	T		S	A		N	T	L	S	T			C
U	P		A	C	V	L	N	I	C	S	T	N		T
G	S	S		R	A	T	B	E	O	E	S	A	I	I
A	O	U		I	T		S		O	T	L	A	O	N
R	N	N		P	T	L		I		N	O	E	H	G
C	S	N		T	E		U		L			A	H	
A		I		I	D			X		U			T	P
N		E		O		I	M	P	E	A	C	H	E	S
E			G	N	I	S	R	U	C				O	

Puzzle # 36
ASSORTED WORDS 36

			D		O	R	I	G	I	N	A	L	L	Y
		C	H	E	M	O	T	H	E	R	A	P	Y	S
	D	D	S	Y	T		T	A	N	G	Y	I		A
	I	D	E	N	L	A	P	S				M		V
R	F	Y	E	H	O	E	R	A	E			P		A
E	F		R	H	C	I	V	O	P	T		A		G
S	E		I	L	S	N	T	I	M	A	R	L		E
T	R		E	A	A	I	E	A	S	E	C	A		L
L	E	E	E	S	S	V	N	L	C	O	M	I	M	Y
E	N		H	R	I	N	I	A	B	O	L	M	E	S
S	T		C	A	W	O	H	B			V	P	O	S
S	I			T	I	E	B	C				N	X	C
L	A				U	V	D						O	E
Y	T					B	A	I						C
	E	P	U	L	S	A	R			C	S			

Puzzle # 37
ASSORTED WORDS 37

```
S H U T T I N G U N B O A T
  E T A R A L I H X E
A G N I L G N A T N E S I D
T N           C O N D E N S E R
T   C   D R E H T O O S
R   S H B E   R O S T E R E D
I   N S O S I     R B
B   O   T R R F     U       F
U   B   T I W E I   L S     A
  T   B   L   N O K L L   E   N
I M Y     E     K M C P     D C
V A     D       E A E M       I
E N T R Y W A Y     R N H E   L
  G     G N I S I R P M O C X Y
  O       L L E B E U L B     E
```

Puzzle # 38
ASSORTED WORDS 38

```
C O N V A L E S C I N G B
B S F I E N D I S H       A
B R E A D W I N N E R S C B
  A S Y             O Y
  S S I L G N I H S I N I F
  S   S R T R E T E I D S P
A A     E O N         E H E
N I     D T A         M   R
C L       I T         N   S
B E M U S I N G   L S   A   E
S R I A P M I     C N T   V
T E X A C E R B A T E O   E
R     K A Y A K I N G R C R
H A S S L E D         Y   E
L G N I T A C O V I U Q E D
```

Puzzle # 39
ASSORTED WORDS 39

```
  D N Y M P H O M A N I A C
    E       D N A L R E V O
  E V I T A N O N M E M B E R
N     C A Y T I N R E T A P
  O   E O R G N I L S U O T
T N S S T N E M E L P M O C
  A S T   S D D S N R O H T
  I M T S C A U O     F   H
T   L U O I E B C M   L P R
R Y   O T P H T O E   I O E
P A R T E R I F C A O S R N S
N   F   E N   O C N T T H
C     I   D G   S E S O O
E       F       A A O L
S K E Y S T R O K E S M N D
```

Puzzle # 40
ASSORTED WORDS 40

```
M P   I N H A L A T O R S
A G I S E L B I O F
R A   H     W   I N I M R E T
S G     S E T A N I D R O O C
H G N     R     R         U
A L   I     O     B       T
L E     H C U S T O D I A N I
L S     Y S E C N E T N E S C
I       G I T S E K E E M L
N       R D     C         E
G       T S E I L H S E L F
W A K E N S R O L E S N U O C
F I N G E R N A I L
      E L B A T A B E D
  I N C L O S I N G
```

ASSORTED WORDS 41

L	W	A	I	S	T	E	D	L	A	B	E	I	P	
M	I	G	Y	R	E	G	G	U	D	L	U	K	S	R
E	Q	C	N					P	A	U	S	E	S	E
T	U	D	E	I				C	A	N	D	O	R	V
A	O	R	I	N	N	O		D		D				E
S	T	A		S	T	I	P	T	E	E				R
T	I	W		L	C	I	A	A	O	R				B
A	E	L		I		O	A	R	Q	B	O			E
S	N	E		P		L	T	T	U	R	D			R
I	T	D		S			O	E	S	I	U	A	A	
Z	S	L	L	A	T	S			R	S	N	N	T	T
I			G	L	I	M	P	S	E	D	O	G	E	
N			C	O	M	E	S	D		C	S			
G	C	O	R	R	U	G	A	T	I	O	N			
		Y	L	S	U	O	U	C	O	N	N	I		

ASSORTED WORDS 42

V	A	L	O	R	M	A	T	Z	O	T	H			R
	S	T	E	A	K		T	N	I	O	P			E
P	A	R	T	I	C	I	P	L	E					G
E	G	N	I	Z	E	E	R	F		S				I
Y	L	L	A	C	I	N	E	M	U	C	E			S
S		G	D	S		E	R	A			S	T		T
O	P	S	N	E	E		R	O	R			I	E	
R	S	A	M	A	T	T	E		V	L	R			R
P	D	E	N	U	T	O	A	C		A	K	O		E
H	A	C	I	R	C	N	U	I		T	L	W	D	
A		R	N	E	B	E	T	T	V		I	O	S	
N		K	A	L	E	R	O	C	E		N	F		
E		E	D	U	R	C	O	N	R		G			
D	O	N	G	O	I	N	G	S	E		F	U	C	
	F	L	U	N	K	S		C			P			

ASSORTED WORDS 43

M	A	J	O	R	S	Y	F	F	I	P	S
N		D	E	T	A	C	I	R	B	U	L
O	M	O	U	R	N	F	U	L	L	E	R
S	F	O	R	G	A	T	H	E	R	E	D
T	R		S	E	K	I	L	A	K	O	O	L
R	I	O		C	B	P	O	L	L	U	T	E	S	X
I	V		T	A		M		S	I			P
L	E	Y		S		B	U		I	F		A
S	T	T	F	T	A		L	D	E	N	S	E	R	T
	I	O	I	I	M	C		O		A	R	R
	N	O	Z	G	R	O	Y	G	O	L	O	I	B	I
	G	T	Z	A		A	S		M			A
	E	E	T		L	S		I			T
	D	S	E	N	E	P	C	I		N	E
	I	S	S	I	C	R	A	N	L		G	D

ASSORTED WORDS 44

I	R	R	E	S	I	S	T	I	B	L	E
F	T			H	N		T	R	U	I	N	E	D	O
O	G	C		A	O		N	D				W
R	G	R	E	B	G	N	I	D	A	E	B		N
E		N	A	F	R	O	D	T		R	L		E
W	R		I	P	R	O	N	O	A		T	L	R
A	C	E	C	Z	E	E	A	E	U	V		N	U	S
R		H	P	I	I	V	P	D	R	T	I		E	B
N			I	L	T	M	I	M	S	E	S	T
I		A	C	A	R	O	N	I	I	C		C
N			Z	K	C	I	T	E		D	K		A
G			A	W	S	C	S	S		E	O
	H	E	A	L	E	D		U			S	N
S	E	S	I	C	R	E	P	E		C
D	E	N	E	T	S	I	O	M	D

Puzzle # 45
ASSORTED WORDS 45

```
            D E D O M M O C S I D
F B D E F E A T I S T S         L
L   I   E       K               A
O       R Z G N I N I L T U O T
W         C I S S L             I
E I G H T H L E O D             T
R E G N I S     A U H O         U
B D E V O O R G T G C G         D
E       J       E   U I N       E
D       A F         I   R T O   S
S       C   E N O D N A B A H
        K       L       W       F
        E           T Y D U O L C
      S T N U P   S L E P R A C
        S E K O R T S Y E K B
```

Puzzle # 46
ASSORTED WORDS 46

```
          O N C O M I N G       R
      G N I R A D N E L A C S A
E R E L B B I R C S     H U   G
X L O U S I N G O       A N   A
P R P     Y       Y L     U R M
L E H     M L       L E   V I U
A M Y       I     N     M R I S F
N A S E S S O L A     R N E   F
A T I     R   D E M O N I C   I
T C C U S U R P E R U     S F N
I H S S E L I T N U     H M
O E   T S E F I R
N S S R E D N E V O R P
S R O T U C E S R E P
Y T I L I B A B O R P M I
```

Puzzle # 47
ASSORTED WORDS 47

```
            M E N S W E A R
M O T I V A T E D     T L
    R   B   G N I H C N U M
L R E L E A S E S     C O
A       A A   G           I   R
U I     C P I G N I P O D     G
N   N K   P T   I     A
D       J   S L N   R   T
R       A E   P I E P R E W A R
E E     C R C S R E D N A L S I
S   M K     E T E U S I   H
S     M     G O P C   V   C
E       U     N R O E   O
S E X H A L A T I O N S     R
              G     L     T P
```

Puzzle # 48
ASSORTED WORDS 48

```
E V E I H T     D       L
K I D N A P E D E     E
P   N     P   S   C E N       F
A       O P     N R   S       O
E T A U T I B A H O   E Y     R
S I     E T     S R S     A T
T N G     S   U   S   U       H
I E   N   T     L W     E   R
L     B I S E C T O R S     N I
E M P T I N E S S R V         G
T   P U N T I N G D   N       H
T     S T R A F E     O     T
O     D E I R R U L F C L
  F I T T E R E I B M U R C Y
    Y L G N I U G I R T N I
```

Puzzle # 49
ASSORTED WORDS 49

	S		S	R	A	L	U	P	O	P				
	I	C			S	H	O	U	L	D	E	R		
I	L	O			A	F	F	I	D	A	V	I	T	S
N	K	P				D	A	N	D	R	U	F	F	F
C	I	I	P	R	O	V	I	D	E	N	T	L	Y	
U	E	E	A	V	E	S	D	R	O	P	P	I	N	G
L	S	R	D	E	K	S	A	B	L	U	N	T		S
C	A	S	S	A	Y	S	E	T	A	T	O	N	N	A
A	F	M	E	D	I	O	C	R	I	T	I	E	S	V
T	R		S	N	A	I	C	I	N	I	L	C	R	A
I	U			S	T	E	L	N	I			R		G
O	M		S	T	A	E	H	E	R	P	E			E
N	P								G			R		S
	Y								G			U		T
E	N	O	T	N	I			Y	R	E	N	N	U	G

Puzzle # 50
ASSORTED WORDS 50

	O					S	K	C	A	T	S	Y	A	H
	U	K	C	A	S	N	A	R	T	C	E	R	I	D
	T					S	N	A	G	R	O			E
	S	I	L	L	E	G	A	L	I	T	I	E	S	P
	O				M	T	D	E	D	I	R	T	S	L
S	U			S	G	E	S	E			C			A
	R	E		U	N	T	A	K				I		N
	C	O	F		O	I	A	E	N			T		E
	I		T	I	S	N	T	B	R	A	W	L	E	D
	N	W		A	W	E	I	T	O	B	R			D
	G	A			V	E	L	M	A	L	A	C		
		P			C	O	S	T	U	M	I	N	G	
S	E	I	D	R	A	T	N	U	R	T	R	Z		
	T	K	N	A	R	P	N	O	U	I	O	E		
G	N	I	D	A	E	L	P		I	H	H	B	F	S

Puzzle # 51
ASSORTED WORDS 51

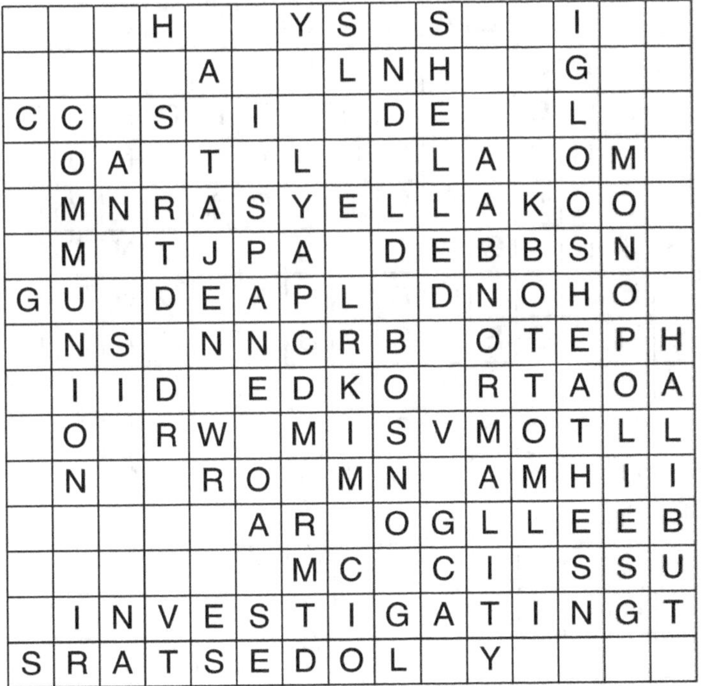

			H			Y	S		S			I		
				A		L	N		H			G		
C	C		S		I			D	E			L		
	O	A		T		L			L	A		O	M	
	M	N	R	A	S	Y	E	L	L	A	K	O	O	
	M		T	J	P	A		D	E	B	B	S	N	
G	U		D	E	A	P	L		D	N	O	H	O	
	N	S		N	N	C	R	B		O	T	E	P	H
	I	I	D		E	D	K	O		R	T	A	O	A
	O		R	W		M	I	S	V	M	O	T	L	L
	N			R	O		M	N		A	M	H	I	I
				A	R			O	G	L	L	E	E	B
				M	C			C	I			S	S	U
	I	N	V	E	S	T	I	G	A	T	I	N	G	T
S	R	A	T	S	E	D	O	L			Y			

Puzzle # 52
ASSORTED WORDS 52

D	P	A	S	T	R	A	M	I	D				S	P
W	E	H	P	E	N				I		C		L	R
	L	I	B	R	E	T	T	O	S		A	P	O	O
		P	R	E	V	E	N	T	H		P	H	W	S
K				R			P	R			T	O	S	P
				D	E	C	I	M	A	T	I	N	G	E
N						F	B		G	P	V	E		C
E		H	S	I	L	L	E	B	M	E	A	Y	H	T
M	M	U	C	K	I	E	S	T			T	W	A	O
A		M	I	L	L	I	O	N	T	H	I		C	R
T	P	U	O	C	E	R	T					O		K
I				B	E	T	T	E	R	I	N	G		L
C					D	E	M	I	A	L	C	C	A	E
S	E	S	I	V	E	R	N	E	G	O	R	T	S	E
P	O	P	L	A	R	S	G	N	I	O	B	M	I	L

Puzzle # 53
ASSORTED WORDS 53

```
    I T M A T E R I A L I Z E S
      N E       D             R D
S       T E   R E C H E C K E E
  A     K R N   P L   G     A A
  K I G I A I     L T E   P C
C   N O N L N E   O S     P T
A L   I U I L S S   T O   L I
P S U   W Q M I I T U S J I V
S O   M   D E E N G R     E A
U L   E P   O S H G E     S T
L A   Y L S U O I C S N O C E
I R       I     H     S T   D
N I     E X O R C I S T S
G A   M O D E L
      O V E R G E N E R O U S
```

Puzzle # 54
ASSORTED WORDS 54

```
            D E V I D E S O N
R G R A T I F I C A T I O N
E Y   D   S E E P E D
C   L U     E N R I C H E D
O     S L A N O I T N E T N I   I
M     T S     Y T             S
M     P S E Y L L I H C     P
E     A A T L L Y I N     R
N V   N N   O E K E T O   O
D   I S D   A S C N F B   U
I     D M     T A A K A   T
N   T N E I L L U B E R C R S
G     N N         C C A C
R E K I H H C T I H       H
H A M B U R G E R E L P A T S
```

Puzzle # 55
ASSORTED WORDS 55

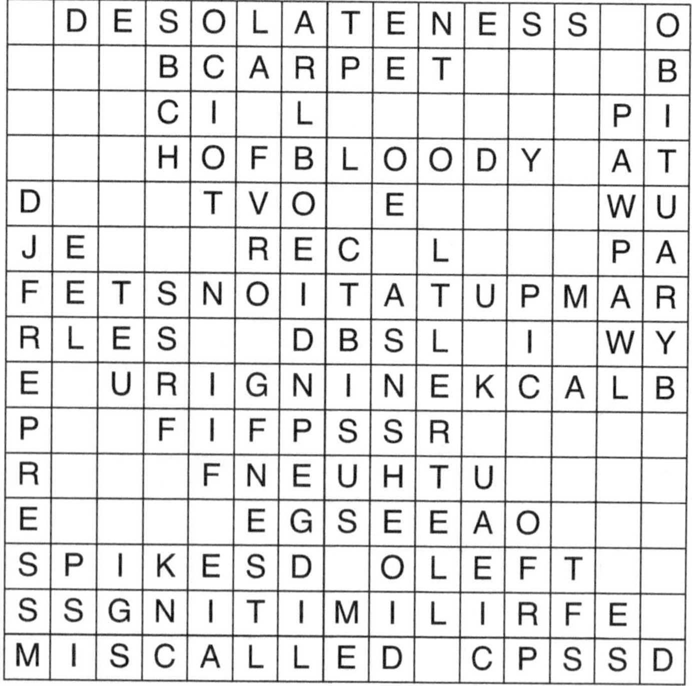

```
  D E S O L A T E N E S S     O
    B C A R P E T         B
    C I   L         P I
    H O F B L O O D Y   A T
D     T V O   E       W U
J E     R E C   L     P A
F E T S N O I T A T U P M A R
R L E S     D B S L   I   W Y
E   U R I G N I N E K C A L B
P   F I F P S S R
R     F N E U H T U
E       E G S E E A O
S P I K E S D   O L E F T
S S G N I T I M I L I R F E
M I S C A L L E D   C P S S D
```

Puzzle # 56
ASSORTED WORDS 56

```
Y S P E L A T A C       C   P
N D E V I S U L L I     A   E
F L O O R E C O R D E D N L R
  U G N I K L I M     N U S
  C L A R B I T R A T O R E
R J H   O W   Y     D N I V
E E I S   O A   L   O B D E
S V N G E   S D B I   G A N R
U I G   S R   E I   M F L E A
M L S   A O   N E   O L S N
I D   Y   W C N S S U O S C
N O   A L M A N A C S G   L E
G E     A     C B   H   G
  R     N   L   L T
  S       A E     A
```

Puzzle # 57
ASSORTED WORDS 57

			D	G	N	I	T	E	H	C	A	C	
			E	E		D	S	W					
			L		T		E	R	O				
F			A			I		C	E	S			
H	L		Y			R		N	L	O			
E	U		S	N	E	P	E	E	D	A	A	M	
I	S		C		T	D		R	Y	M		H	E	E
G	C	U	R	T	A	I	L	M	E	N	T	S	N	H
H	R			U	S	P			T	N			E
T	U			A		T			U	A		
E	B			F	T		O			C	R	
N	B			F		E		E				C
I	I			E	N	I	R	H	S	N	E	
N	N			C		Y	L	D	I	V	I	L
G	G	E	X	P	A	T	I	A	T	E	S	

Puzzle # 58
ASSORTED WORDS 58

S	S	B	M	O	C	Y	E	N	O	H			
	O				H	E	R	P	E	S			
		I			H		S	E	C	N	U	O	R	T
B	E	F	C	B	R	I	G	H	T	N	E	S	S
E	L		N	L	A	D	X		U				
H		Y	B		U	O	R	E	O		C		
E	C	S		A		N	C	C	O	B			
M	A	P	U		I		C	K	H	U	L		
O	N	E	M			V	A	W	A	I	T	I	N	G
T	D	C	B			N			G	V	S	A	
H	I	K	R			K	E			E	E		M
S	D	I	A			E					S	S	
	A	N	G		G	A	R	A	G	E			
	T	G	E	D	Y	H	E	D	L	A	M	R	O	F
	E		D			D	E	F	I	N	E	S	

Puzzle # 59
ASSORTED WORDS 59

D	A		S	C	O	M	P	E	L	L	E	D		
R	E	N		E	O						L		
A	N	F	A		R	L				A	R		
C	E	P	A	C		U	O	M	U	M	M	E	R	S
C	W	C	O	U	H	A	T	N		E	S		N
O	S		O	M	L	R	B	R	I		N	T		O
O	P		N	P	T	O	S	U	Z	T	O	B	O
N	A		E		S	A	E	N	C	N	E	C	O	P
S	P		M			E	D	D	I	O	D	K	N	I
T	E	D	E	K	O	V	N	O	C	S	N	E	G	E
A	R		N				T	U	D	M	D	O	S
T	E		D					I	R	E	S	S	T
I	D	E	M	O	L	I	T	I	O	N	E	D	
O	W	E	A	K	E	S	T	E	E	R	G	D	I
N		S	E	T	A	M	I	T	S	E			S

Puzzle # 60
ASSORTED WORDS 60

	S			Y		D	E	R	U	S	S	E	R	P
O		T				L	C	G	N	I	K	C	N	I	Z
D		F	N			L	I	Y			I		
O			R	E			A	L	F		N		
R				E	T		P	G	I	E	B		
O					T	R	P		E	C	R		
U	F	L	U	E	S	T	O			L	E	T	
S					G	I	P			E	B	U	
D					N	N			D		M	P
S	E	K	I	H			T	I	G		S			I
	B	L	I	S	S	E	S		R			
		I		F	E	S	T	E	R	I	N	G	
			A				E	F	F	A	C	E	
				L	S	E	T	A	L	U	B	A	T
				F	S	T	O	R	M	I	N	G

Puzzle # 61
ASSORTED WORDS 61

```
    S   R F N           S C
  F C S S E N I P M U R G O O
  I R S D D I T G         L A
  L U   T E   K H H       O S
  I B       R D M S R E     I T
P B B       A A L A U O S     S I
R U E       L   W I R H V T T N
O S R V     I     C W G     E S G
G T G     I S   M E S S I A H S
R E G N I T P U R S I D N
E R   C A S A D E B B O C S
S     I   F   G B
S   B L U S T E R E D
E     I       U U
D S L A U S I V M   P
```

Puzzle # 62
ASSORTED WORDS 62

```
          D N A L N I A M
        D E R E T T I L T     U
  H E L I C O P T E R T     R
  G N I R E L L O H     R     G M
        D E V A L S     A     E E
        B     C   I C     N R G
D       E T L U P A T A C C U
  N H C R A L R     I I Y H A
  I   I     R     V   O A V
      B B     I     E     N A
E H T A E R W C     L     T S
      R R   U     Y     I
        I S O L A C I N G N
S E L B A N R U T E R     G
  S Q U A D S M I S N O M E R
```

Puzzle # 63
ASSORTED WORDS 63

```
    N O T A M O T U A
  I N C O M P E T E N C E M
        S R E D N I L B A
D E T A N O B R A C       N
C H A M P I O N S H I P G G F
S A L B A C O R E S     U L R
D L H     D M T O R Q U E I E
N L T S T E H C O R C S N N
  A I U     D R G       S G Z
      L R R     E N     I   I
      M H T       D I   N   E
E S T I M A T I N G L C G   D
  P R O F F E R E D   U I   L
  G N I N E K R A E H     O D Y
M O R A L I Z E D         B
```

Puzzle # 64
ASSORTED WORDS 64

```
  C I T E R O E H T D
    O S U N S C R E E N   G
  R E N E G A D E D H     U
I       N H D E X P U N G E D
G D G     E C I     M     S
R N E N   G C A G   I     S
R E I N I   N T E N D     T R
E K T H T M S I I T I     I E
S   O A C I O E N V F T   M C
T   X O E N F O H O I   Y A T
O   I   B W A I B C E T   T I
R   N   K S T E   R G Y E F
E S S E L P O T S R S O N S I
R       F O A L S   C U E
S K I L L F U L C       S D
```

Puzzle # 65
ASSORTED WORDS 65

```
            G N I T B U O D E R
S   R E G E N C I E S   A
O C A N O N I Z A T I O N S
U P H     P O S S I B L E R
T S R I         D       C
H S R E S   D E T O X E D O F
E   E E D E P     W     O N A
R   E N H O L O   E     T L M
N     Z N S M S R L     A O O
M       I U I I   T       O U
O         L F L N   I       K S
S       S L A R O A   C   E
T A R D N U T N     P T   O R
F I N G E R P R I N T E D S
S S E N L L I T S F     S
```

Puzzle # 66
ASSORTED WORDS 66

```
        D E R E P A I D         P
M S L I V E D E R A D           L
A   S   D         T         P E
R     E C E T A L O I V N I A
A   S   N U M N       O     T S
T   P Y B L D E I       B   C A
H S O S L A U D H A       H N
O E I   N L L F L C P       F T
N T L T   U U K H I S E     O E
E E E D A   G F I T E     R R
R A R   R M   G T E I S     K
S C       U A   L H S A T
  H       C R     I G T F
S N I K S G I P D   N I
        F I Z Z I N G R
```

Puzzle # 67
ASSORTED WORDS 67

```
  T H G I S D N I H
  S G E N E A L O G I C A L
W T V B L A R N E Y I N G
R O A O   B A T T I N G       D
A P C M   S         F         I
T C C B G U N F I G H T S     V
H O I I P R S R E G E N T S U
  C N N A D E N               L
M K E G R I   D R             G
I S S   R T R E L E S I H C E
S   T   O I     U C         D
S F I L T E R E D   O S
A     L   E S           B I
L   T   D   G R A N U L E D
S   S       D N U O B T U O
```

Puzzle # 68
ASSORTED WORDS 68

```
E         R S S L
K T       T E R U E             S
R E U       R I E L V           U
S E E B S S     A N S L E       R
T   K N I E E   D I U A L       R
A   E I S R I Z   U A   H       R E
N A   N B E T R I H C R O P A
D S U   I G R S A R   E         L
O   L G D T N U I D O   S       I
U     E E   N I L D I H         S
T       S R   E I I E P T       T
S P O O N E D   D X A R A U S
M I S G I V I N G     A F   L A
  R E S P O N D E D       T
        S R E L I A T E R
```

Puzzle # 69
ASSORTED WORDS 69

N	O	O	C	A	R						C	L	
M	A	N	L	Y						A	O	G	
C	S	E	P	Y	T	O	T	O	R	P	N	A	R
O	O		D	E	L	K	C	I	R	P	D	T	A
	G	N	I	L	L	E	V	O	R	G	I	H	T	S
		R	S			B	Y	W	O	R	D	S	I	C
M		E	T	C	H	A	P	E	L	N	O	F	R
C	E	S		D	A	L		L		E	M	I	U
	L	R	L		N	B	E		I		S	E	E	B
E		O	I	O	A	U	U	A		A	S	N	D	B
	X		V	N	R	S	S	L	N		S	E		I
		C		E	G	A	P	L	A	U		S		N
H	O	N	E	Y	R	U	C	E	L	R	P	S	A	G
				P		S	E		N	A	Y			
				T			S		S	M				

Puzzle # 70
ASSORTED WORDS 70

					C	O	N	C	E	I	V	E	S	R
D	S	L	O	O	T	S	T	O	O	F			E
	I	G	O	S	S	I	P	I	N	G	C		R	S
S		V		N				B	O	H	M	E	T
C	A	D	E	R	O	N	O	H	L	U	R	A	C	U
R		D	C	R		W		U	T	O	M	L	D
I		Z	O		T		I		F	S	N	B	A	I
P		E	L	R		E		S	F	T	O	O	S	E
T		A	L		A		D		E	R	L	I	S	D
U		L	O		A	B	R	A	S	I	O	N	I
R		O	Q				L		T	P	G	G	F
E		T	U			P	E	E	L	S	I		I
S	N	O	I	N	I	M		Q	U	I	C	H	E	S
Y	L	S	U	O	L	E	V	R	A	M	A		D
		M				Y	L	W	O	L	S		

Puzzle # 71
ASSORTED WORDS 71

M	E	V	I	T	A	R	E	P	O	N	I			
U				S	T	S	A	M	E	R	O	F	M
S	F			S	R	E	L	K	C	E	H		E	I
K	E		G		E	U	T	E	C	T	I	C	M	C
E	A	K	R		R	I					I	R
T	R	L	O	T	N	E	G	I	L	I	D		N	O
E	F	O	S	C		E	K	O				I	C
E	U	R	S	H			C	A	L			N	O
R	L	D	L	U			N	M	O			I	S
F		L	Y	R				I	S	M		T	M
	L	Y		N				V	S	S	Y	S
	T	O	H	S	D	O	O	L	B		N	E	O
		O			H	A	I	R	D	O	R	C
		Z	P	R	A	H	S	D	R	A	C	D
			Y	P	E	R	C	E	N	T	S

Puzzle # 72
ASSORTED WORDS 72

Y	L	L	U	G	Y								
	G	N	I	T	S	E	V	N	I	E	R	
	Y		E	D	I	L	S	D	U	M		N
D	G		C		H	E	U					E
	E	N		S	A		C	L	Q		S	G
P	N	I		M	R	M	N	F	I		Q	O
R		G	P	B	A	E	U	U	F	N	U	T
O		E	I	U	L	R	T	L	P	U	I	A	I
F		M	L	O	O	D	I	B	Y	C	B	A
U	C	B	A	A	R	Z	B	L	E	E	S	B
S	L	L	N		G	E		L	R	K	L
I	A	C		L	N	I	R	E
O	Z	N	E		S	G	Y
N	O	S	R	R	U	B	E
S	N	M	U	S	C	U	L	A	R	I	T	Y

Puzzle # 73
ASSORTED WORDS 73

I	S	O	M	E	T	R	I	C	S					
E	S	I	N	O	F	F	E	N	S	I	V	E	L	Y
O	C		Y	L	L	A	M	I	N	I	M			
B	A	I	F			B	D	I						P
L	N			O	R		M	L	E	S				E
I	T			H	I		S	A	S	T				A
G	I			C	D		I	C	O	R				S
A	E		D		I	G		T	K	P	U			A
T	R	G	E	S	I	C	R	E	X	E	J	S	S	N
E		O			E	G		C	T		N	A	I	T
N	R	U	T	P	U	G	I		A	S		G	C	D
S	K	R	O	W	E	M	A	R	F		O		A	K
	D	E	H	S	A	L	S	F				P		M
	B	E	D	F	E	L	L	O	W	S			I	
	S	T	S	I	L	A	R	U	M	D				R

Puzzle # 74
ASSORTED WORDS 74

	R		D	E	G	N	I	T	R	E	S	S	A	A	
	I	R	P	L	A	S	T	I	C	I	T	Y			
T	V		O	S	E	I	C	N	A	C	A	V	C	C	
R	A			S	R									O	
A	L	Y				I	E	M	A	D	A	C	A	M	
N	L		L	E		V	I							M	
S	I	T		S	X		I	R						E	D
P	N	F	S	N	S	E	R	D	R					M	A
A	G	O		E	O	E	C	I	C	A	N	N		O	T
R		Y	I	Y	I	E	L	U	P		C			R	A
E		E		S	K	T	G	R	T	P				A	B
N		R			U	O	L	R	E	A	L			T	A
C		S				L	O	A	U	W	B	E		I	S
Y		L	A	C	I	L	E	H	S	S	O	L		V	E
		L	I	V	E	R	Y	D					P	E	

Puzzle # 75
ASSORTED WORDS 75

			I	D	E	N	T	I	F	I	A	B	L	E
S	T	O	C	K	S	B	A	S				M	O	
S	S	A	R	A	H	L	P	S	I			O	B	
A	E				U	P	E		E			D	D	K
L	S	L			R	R	R				R	E	U	N
T		E	B	E		R	O	E	E			R	R	I
W	K		D	M	X	I	V	S		T		A	A	C
A		E		I	U	E	I	T			E	T	T	K
T			E		R	R	N					E	I	K
E			N		Y	G	N					D	N	N
R			D	I	S	L	O	C	A	T	I	N	G	A
	R	E	I	Z	T	I	R	J	D	E	T	T	O	C
Y	L	E	V	I	T	C	U	R	T	S	E	D		K
G	L	A	C	I	A	L	L	Y	R	A	C	C	E	P
		C	I	S	N	E	R	O	F					

Puzzle # 76
ASSORTED WORDS 76

	G		A	T	H	E	I	S	M	S	P			N	I
P		N		S	P	M	I	P	L	P	R			E	M
H	M		I		T				A	L	I			G	P
E	Y	U		T		N			N	A	G			L	R
H	L	P	T		E		E		C	S	G	C		I	E
I	S	B	O	S	F	N		M	E	H	I	O		G	C
T		A	A	G	E	D	O	B	T	Y	S	N		I	I
C	S	M	T	I	L	N		Y		I	H	T		B	S
H	H	E	W	N	L	Y	I		A		M	A	L		E
H	R	S	I		E	P	C	M		B		M	Y		L
I	I	S	G	T	D	C			E	R			I	O	Y
K	F	A	G		T		A		M	A		N			C
I	T	G	I			I		L		I	C	A			
N		E	E			R		P		C	N				
G		D	R	P	L	O	U	G	H			T			

Puzzle # 77
ASSORTED WORDS 77

Puzzle # 78
ASSORTED WORDS 78

Puzzle # 79
ASSORTED WORDS 79

Puzzle # 80
ASSORTED WORDS 80

Puzzle # 81
ASSORTED WORDS 81

	D	E	R	E	V	U	E	N	A	M	T	U	O	
E				G				N	D	A	O	L	P	U
H	U	N	I	F	Y	N		O						P
	C	Q					I	T					Q	O
P	N	O	M	S	I	E	H	T		N	A	P	U	R
R	U		U	T				I	C				A	T
H		N		A					N	T			R	E
E	F	E	T	C	H	I	N	G	L	Y	U		T	R
T	D	E	Z	I	R	O	D	O	E	D		H	E	I
O					N	A	H	C	T	A	M	E	R	N
R							G	F					R	G
I				S	K	C	O	T	S	R	E	V	O	
C		N	O	I	T	E	R	C	S	I	D		V	
A	H	A	S	H	I	N	G	H	O	U	L	S	E	
L		E	D	O	R	Y	O	J					S	

Puzzle # 82
ASSORTED WORDS 82

	Y	N	O	I	T	A	L	L	E	T	S	N	O	C
		A		N	S	S	S							
	S	V	L		O	E	E	E	R					
	L	A	S	P		I	G	H	N	E				
L	I	S	T	E	N	S	T	U	S	I	H			
P	V	S		G	S	W		C	E	U	H	S		
R	E	A	D	E	T	R	O	P	E	D	R	C	A	
A	R	L		O	S		A		D		S	N	A	R
N	I	E		L		R		H				C	O	M
K	N	D		O		S	E	Z	T	N	I	L	B	
S	G			G			Y	I		A		U	I	
T				Y				R	N		C	N	K	
E	S	R	E	F	N	I			E	N			K	I
R	S	E	L	C	I	T	R	A	P	V	A	Y	N	
		S	E	T	A	R	G	I	M	E	P	I		

Puzzle # 83
ASSORTED WORDS 83

S	H	I	M	M	I	E	D		Y	H	T	I	M	S
D	O	G	G	E	D	I	S	C	U	S	S	I	N	G
D						K	R	O	C	N	U			
D	R	E	I	F	I	S	N	E	T	N	I			
S	N	O	I	T	A	R	B	I	L	A	C			L
E	R	U	O	E		C	E				M			O
	T	E	O	P	V		U	N				O		A
S	S	A	D	B	I	O	Y	R	T	N	U	O	C	M
S	L	K	R	I	E	E	R	L	T	E				I
R	N	O	E	E	E	S	R	P	L	A	R			E
A		W	W	E	C		U		E	E	I			S
P			A	P	R	S		O		R	U	N		T
I				R	O		I		H			R	E	
N					P	K		V	M	A	N	I	C	D
G						E	N	E	V	I	R	H	T	

Puzzle # 84
ASSORTED WORDS 84

			A	P	O	T	H	E	O	S	I	S		
		G	N	I	H	C	T	A	H					
C	I		N	S	R	E	T	O	O	B	E	E	R	F
	O	N	O	I	T	P	E	C	X	E				
F	B	L	V		T	M	A	N	T	L	E	D		
A	S		L	A	H	A	M	B	U	R	G	E	R	S
T	C	O		E	R	S	E	N			U			N
U	U		H		C	I	T	R	I			C		I
O	R			C	G	T	A	U	T	M			E	G
U	I				Y	E	I	B	O	N	B			H
S	N					S	C	V	L	L	E	L		T
L	G						P	K	I	Y	I		Y	H
Y	H	T	I	L	O	N	O	M	O	S		A		A
I	M	B	A	L	A	N	C	E			S	T	B	W
		E	N	E	R	V	A	T	I	O	N	S		K

Puzzle # 85
ASSORTED WORDS 85

I	N	C	R	E	A	S	I	N	G					
	N	S			D	E	Y	A	P					I
		O	E		D	E	C	I	T	N	E			N
			I	H	C	A	L	C	U	L	A	T	E	E
H	G	A		T	S	H	T	I	M	M	U	S		F
P	U	A	S		A	U	U		V					F
A		M	U	S	C	C	R	C	S	E	R	A	C	I
R	N		B	N	A	A	E	L	K		D			C
D		A		L	T	Y	N	F	U	S		E		I
O			L		E	E	S	T	E	B			B	E
N			Y		S	D		E	D					N
I	C	A	T	A	T	O	N	I	C	E				C
N			S	E	I	K	N	U	J	N				Y
G				S	K	C	A	H	W	H	S	U	B	
N	O	I	T	A	C	I	F	I	T	R	O	F		

Puzzle # 86
ASSORTED WORDS 86

S	R	E	K	N	A	T	S	M	R	E	T	D	I	M
D	E		S	U	B	S	I	D	I	N	G			C
T	I	G			D	E	T	C	I	V	E			O
O	M	S	A		B	A	C	K	L	O	G	S		N
L	L	A	D	W	G					R		M	T	
E	O		R	A	E	N	G	H			D	E	U	
R	V	T		R	I	N	I	N	O		E	N	M	
A	E	R	R	G	I	N	A	Y	I	O		E	A	A
B	M		E	I	N	A	F	C	F	D	P	R	C	C
L	A			I	C	I	G	U	T	I	A	S	E	I
E	K			S	K	L	E	L	M	R	F			O
L	I	K	E	N	E	S	S	Z	A	L	E	O		U
D	N	O	P	S	E	R	O	T	Z	B	Y	N	L	S
	G					L	E	U	L				T	G
G	N	I	N	O	S	A	E	R	G	R	N	E		

Puzzle # 87
ASSORTED WORDS 87

		S	T	O	C	K	I	N	E	S	S		G	
	S	S	E	N	T	U	O	V	E	D			R	
	C	C	S	T	R	A	I	T	E	N	S		I	
	O		I	N	E	Q	U	I	T	I	E	S	T	
	M		X				S	K	E	E	T			
B	P	F	R	E	E	B	A	S	I	N	G		I	
	E	D	E	Z	I	R	A	T	I	L	I	M	E	D
R	T	F	G	N	I	O	O	B		S	M	A	R	T
A	I		O		E	C	N	U	O	J				L
C	N			G	N	I	M	R	A	L	A			A
Q	G		M	I	S	P	R	I	N	T	E	D		C
U			N	O	I	C	I	P	S	U	S			I
E		G	N	I	S	S	A	P	R	U	S			N
T			R	E	I	N	V	E	N	T	I	N	G	
S	H	Y	D	R	O	E	L	E	C	T	R	I	C	

Puzzle # 88
ASSORTED WORDS 88

	F	O	R	M	U	L	A	T	I	N	G			
				D	E	S	O	L	C	E	R	O	F	
G		B		D	E	T	U	B	I	R	T	S	I	D
N	S	L	I	A	T	H	S	I	F					
E		I		A	C	O	A	G	U	L	A	N	T	S
	L	P	Z		C	U	R			A				
E		B	O	I	O	K	P	B		T				
	S		A	W	R		B	E		T				
	T		B	D	O		I	N	E	I				
		R		I	E	G		R	D		U			
			A	O	R	R	E		D	S		R		
	S	C	A	N	S	C	Y	T					F	
	G	A	P	E	S	G		S	D	A	T	I	V	E
G	N	I	H	T	I	K	E		A		C			
G	N	I	R	I	M	S	E	S	S	E	R	P	X	E

Puzzle # 89
ASSORTED WORDS 89

```
S E A M A N S H I P
  G N I Y A L R E V O       S
      S W A S K C A H     T
G N I L L E N N A L F         O
  Y         T           A A   O
T O R P O R S S L A H C S A P
C O N T E N T O L       E S     E
        S D     M E       T     I D
          I E L D R C O         F
            U C L E A N S E S
C R U S T I E S R E D E A
  P E P P E R Y A E S I R H
S E R E N E L Y       C O T H     C
  D E T A N I D R O O C U
    T N A L I B U J         O
```

Puzzle # 90
ASSORTED WORDS 90

```
            H A M B U R G E R S I
S E T A R D Y H             X T       N
          P                 T O E A
  S L E E P I L Y           R U N C
C O N F E D E R A C Y O R T C
        H U G E L Y A       V N R E
T C O F F I N S L T         E E E S
  F S H T R A E H A         R Y A S
S E I B A B         L T S B T I
  N     R     B         O     I O E B
  G         D L         G     O O D L
  I S H T A R W         E     N S N E
  N         M           D       T     S
  E S T N E I R O S I D E
  S         R       S D A Y R D
```

Puzzle # 91
ASSORTED WORDS 91

```
E   E X T I N G U I S H E S
  S T T             G U B M U H
    P N I     R E V E R S E D F
B S D R A C Q U I R I N G       U
P U E E E R L         T     N I R
A T D R C S E A       T     U R L
N U L G U I S T C     L C M A O
G M   A E T O O L     E O B S U
I B F   O R C V S U     L E C G
N R   U   H I E N     D L R I H
G I     N   S G L I       A L B I
  L K       G P M A R C T E L N
      R       A       R   E S E G
  F R I E N D L I E S T S
          J       S
```

Puzzle # 92
ASSORTED WORDS 92

```
            S                       M   R
    S S         T I C K E R       E     R
E     R E         N       L       A S   F
  L     E I J E E R E D       S O   I
  R B     T C K   U     A     L P N
P R E A       I N U     L     N E P E
H E E P I G R A M S F       S I M
R D L T L V     W N Q P         E E
A     E C N E S     G G U M     S N
S S C K A E T Y     N I A A T T
E     T     C T E I O     O L T L
    O N     U N R N B     S A S C
    R   I     D E   G W       M
    S       H       T       O
      D E T E R R E N C E
```

Puzzle # 93
ASSORTED WORDS 93

```
        S G O D P E E H S
    G S     D E E D S T R E A K S
        U R H A N D G U N         T
          S E     I                 A
L         H V       L L I T S N I
S A           I I     R E             R
C H E E S I E R     O T         W
U     P         S D F G A         A
F J T E P M U R T     A U D     Y
F U         A N N O U N C E R S
L M A N G L E             T S
E P     M I S Q U O T A T I O N
    Y L E T I S I U Q X E       R
      D E T A R E P S A X E
F E R O C I O U S N E S S
```

Puzzle # 94
ASSORTED WORDS 94

```
            G S N O I T A L U D O M
            I N S E C T I V O R E S
G     D G Y I S R A T I S     P
    N S E N L W D E S T I N E
        I K I I L O E I           N O
        G N C F B A T B L         I V
S         L O O I B I S R F       T E
    N         A S D D I N E A     E R
        E R       N I D O F N B B N L
B U R E A U C R A C I E S T A
        C R       E P H     W I S P
        U     G       D M     A     B P
G N I R I W E R         I R         I
    B U S I N E S S M E N       N
    E R O P M E T X E R N E G
```

Puzzle # 95
ASSORTED WORDS 95

```
A P P R O B A T I O N S M R
P N C O M P U T E R S         O E
O   I     Y     S     T     D   L C M
P     M     R     T     U Y     D R U
L       A     A     C     N     I I S
E M         T     H     E A E E M K
X E X I S T E N C E S S S I R
I A L     G     D         T I T N A
E N O         S N E         I G B A T
S S A N       E I         C H U T S
      D     O     C S         T L I
      A       E     E I W     E L N
      B         L R     L O D I G
Y L E L I T S O H S D E
      E     G N I R U T N E D N I
```

Puzzle # 96
ASSORTED WORDS 96

```
        M   D I         S I N N E D
Y   E     A     E N I M A T I V M
    L     V S D     M T             A
E     G C I T A B O R C A         I
C     R N     T O C     R I       N
C G G E I     A G A       G C     S
E T N N D T     L I M     O A T
N A     I I N E     U B       P T R
T X S E M Y U E     M           E
R O C F     O R O L D U       A
I N A F T E R E F F E C T M
C O M E         A M O     T C E
I M P C         C E R     A A D
T I S T P L U C K       P     O
Y C     S     M E G A B Y T E S C
```

Puzzle # 97
ASSORTED WORDS 97

```
R . . A V I D E R . . .
E . . N P R E P A I D G .
S . . O . E G N I V A T S S
O . A . S . I . . R W E P
N . D . . H C H A P T I L I
A B L E A C H E R S . E E A T
N . . C . . S . U R L S T
C S T N E N I T N O C B D T E
E R S E S I H C N A R F S I D
. U . S E L O H L L E H C
Q U A D R E N N I A L . I
. . D P E S T I L E N T
. F O B B I N G . . . Y
Y L E U Q S E T O R G
. G N I Y A R R U H
```

Puzzle # 98
ASSORTED WORDS 98

```
. . . K E N N E L L E D
P . S E T A N E H P Y H . P
E . G L O W I N G L Y . L
R . . B C R Y B R A E N U
S R E S L A F E . . . T M
U S G . T P P . T . E . O I
A H R N S L . T . T . N D C C
S D E O I E E . I . O T O R R
I L E R T T L M . S . H W A O
V . I N E S F B S . M R N T M
E . . A I T E E I . A P . E
L . . N H I T L C . L L . T
Y . . B C C O C U L A . E
. . . O A A R . R Y . R
S K I L L E T H M L P . C
```

Puzzle # 99
ASSORTED WORDS 99

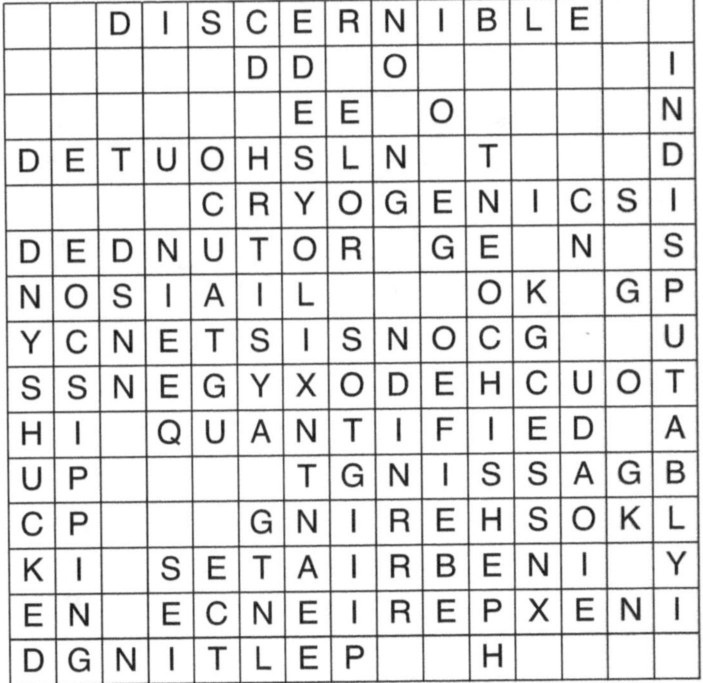

```
. D I S C E R N I B L E
. . D D . O . . . . I
. . E E . O . . . N
D E T U O H S L N . T . D
. . C R Y O G E N I C S I
D E D N U T O R . G E . N S
N O S I A I L . O K . G P
Y C N E T S I S N O C G . U
S S N E G Y X O D E H C U O T
H I Q U A N T I F I E D . A
U P . T G N I S S A G B
C P . G N I R E H S O K L
K I S E T A I R B E N I Y
E N E C N E I R E P X E N I
D G N I T L E P . H
```

Puzzle # 100
ASSORTED WORDS 100

```
. . . . Y T I N U M M I
. . S D E R B N I
. E Z I N R E T A R F
S T F A R D S U F F U S I O N
N M F R E E L O A D E D . M
I Y L E T A R U D B O . I
G . M . R . G . N
H H . B . E . O . I
T C . S E D A F . F S
C S T N I O P R E T N U O C T
A . U C E S S P O O L E
P . T R U C K I N G C R
S G N I H C A O R C N E I
. B M O C Y E N O H A
. A T A M O H P M Y L L
```

www.ingramcontent.com/pod-product-compliance
Lightning Source LLC
Chambersburg PA
CBHW081307250726
48662CB00008B/2431